Sebastian Mutschelle

Über das sittlich Gute

Sebastian Mutschelle
Über das sittlich Gute
ISBN/EAN: 9783743692329

Hergestellt in Europa, USA, Kanada, Australien, Japan

Cover: Foto ©ninafisch / pixelio.de

Weitere Bücher finden Sie auf **www.hansebooks.com**

Ueber

das

sittlich Gute.

Von

Sebastian Mutschelle,

hochfürstlich = Freysingischen geistlichen Rath und
Kanonikus bey St. Veit.

München. 1788.
bei Joseph Lindauer. Buchhändler.

Vorbericht.

Wer sich in einem Gebäude irgend eines Gebietes niederlassen will, der würde ein Thor seyn, wenn er nur die äußere Zierde, und die innere schmeichelnde Bequemlichkeit der Zimmer zu Rath zöge. Er sieht auf den Grund, worauf das Gebäude ruht.

iedne Umſtände, und vorzüglich
ngen, durch populare, aber auf
:und bauende Sittenſchriften in
einnützig zu werden, drangen
dem Gebiete der Moralphiloſo=
d ein Lehrgebäude zu meiner ſi=
bequemern Wohnung auszuſu=
eine Aufmerkſamkeit gieng dabey
auf die Grundveſte. Wie oft
ie aber gar nicht von der Art,
n Hauſe mit guter Sicherheit
ohner werden mögen? — Das
ch zum eignen Nachdenken. Doch
Reſultate davon den meiſt belieb=
dveſten verſchiedner Lehrgebäude
ig.] Einer Seits Mißtrauen auf
, und anderer Seits der Entſchluß,
iner fremden Ausſage oder Ueber=
ohne eigne hinzugeben, machten,
lich ſtillſchweigend aus dem Ge=
wiſſenſchaftlichen Moralphiloſo=
zurücke zog, und mich einzig auf
ide der zwey evangeliſchen Haupt=
er Liebe Gottes und des Neben=
men=

menschen, als solchen Grundvesten, die eine göttliche Weisheit gelegt, und eine menschliche noch nie umstoßen konnte, anzubauen suchte. Indessen konnte ich dem Hange zur Erforschung des ersten Prinzips aller Sittlichkeit nie ganz widerstreben. Kants Critik der reinen Vernunft, und wie er darinn die Klugheit von der Sittlichkeit, und die Glückseligkeit von der Würdigkeit glückselig zu seyn, unterschied, weckte diesen Hang von neuem. Seine Grundlegung zur Metaphysik der Sitten, die mir während meiner Nachforschung zu Handen kam, verstärkte ihn. Ich hatte mir nämlich vorgenommen, dem, was sittlich gut sey (da sich ohnehin jedes moralische Lehrgebäude darauf gründen muß) mit ganzem Ernste, aber vollkommen nach dem Gange meiner, und nicht nach jenem fremder Ideen nachzuforschen. Jenen Theil dieser Nachforschung, der mir würdig schien, gesagt zu werden, enthält diese Schrift. Dieser Vorbericht giebt den Zweck und Anlaß derselben an. Er stehet

...cht aus dem Grunde da, als wenn ich's
...ir wichtig genug hielte, andere mit der
...rzählung von meinem Ich zu unterhalten; er kann aber, und soll nur dem Leser, der dieses Werkgen seiner Durchlesung und Aufmerksamkeit nicht unwerth hält, seinen Gang und seine Beurtheilung erleichtern.

Verzeichniß der Abschnitte.

I. Hoher Werth der sittlichen Güte. S. 1
II. Veranlassung zur Frage: Was ist sittliche Güte, was sittlich gut? 7
III. Ueber die Bemühungen in Auflösung der Frage: was ist sittlich gut? 11
IV. Ordnung unsers Versuches, diese Frage aufzulösen. 24
V. „Gut ist, was die größte Summe angenehmer Folgen verheißt" — Ist diese Bestimmung des Guten wahr und richtig? 27

    a) Läßt sich das frohe Bewußtseyn auch unter jene angenehme Folgen rechnen, um deren willen eine Handlung gut heissen kann? 33

    b) Lassen sich die Folgen der Zukunft darunter mit ansetzen? 39

    c) Beruht die Güte der Handlungen auf der größten Summe

me der angenehmen Folgen dieses Lebens, auch wenn man das frohe Bewußtseyn und die Folgen der Zukunft nicht mit in Anschlag bringen darf? S. 52

VI. Ist das sittlich gut, was die zahlreichsten, seligsten Folgen für unsre Mitmenschen hat? 90

VII. Ist sittliche Güte aus den Vollkommenheiten und dem Willen Gottes erkennbar? 120

VIII. Ueber einige Erklärungen des Guten aus allgemeinen abgezogenen Begriffen. 134

IX. Ob das sittlich Gute unserer reinen Vernunft, unabhängig von aller Erfahrung und Authorität, erkennbar sey? — oder aus einem eignen moralischen Gefühle? 140

X. Einige Folgerungen aus dem vorhergehenden Abschnitte. 160

XI. Versuch, das näher zu bestimmen, was mir meine Vernunft als gut und recht vorstellt. 214

I. Hoher

I.
Hoher Werth der sittlichen Güte.

Nicht was äussere Schätzung, lob und Ruhm unter den Menschen erhält, ist darum auch immer schätzbar, lob = und ruhmwürdig. Niedrige Schmeicheley, schwache Partheilichkeit, unmässige Liebe zum Sinnlichen, Gewinnsucht und Verlustsgefahr setzen nur allzuoft Mund und Feder für und wider in Bewegung. Eitelkeit und Eigenliebe finden auch nicht selten ihre Rechnung dabey, ohne Bedenklichkeit an andern zu erheben, was man an sich findet, und um so mehr, wenn uns das mangelt, was Erhebung verdient.

A Man

Man macht jemanden ein Compliment, um damit seinem lieben Selbst eins zu machen.

Aber man frage sich nur im Ernste, und auf sein Gewissen, ob man das, was man loben hört, oder selbst lobt, darum auch immer hochachte. Man frage nur seine gesunde Menschenvernunft, ob man jemanden wahre innige Hochachtung schenken könne, der sie nicht durch sittliche Güte verdient.

Nichts als ein sittlich guter Wille, sagt Kant und alle gesunde Menschenvernunft mit ihm, hat und giebt einen vollen unbedingten Werth; alles übrige, Reichthum, Vergnügen, Kenntniß, und was es auch sonst noch sey, hat an und für sich selbst keinen. Nur dann, wenn sie mit sittlicher Güte erworben, genossen und gebraucht werden, haben sie Anspruch auf unsre Achtung; und auch dann sind es nicht sie, denen wir Hochachtung zollen, sondern der sittlich gute Wille ist es, der sich ihrer zum Guten bedient. Sie sind das Schwert in der Hand des Helden, der sein Vaterland rettet; aber meine Hochachtung

tung gebe ich nicht dem Schwerte, sondern dem wohlthätigen Muthe des Helden.

Man kann die Pracht der Fürsten, den Schimmer der Kronen, den vollen Ueberfluß ihrer Vergnügen, die tausend Köpfe und Hände anstaunen, die rastlos zur Herbeyschaffung derselben arbeiten; man kann wohl selbst, wenigst nach einiger Theilnahme an ihrer Hoheit und Lust verlangen; aber kann man sie um dieser Dinge willen auch hochschätzen? Kann der Liebling des Glückes und der Freude mir darum, weil er mitten in ihrem Schoose sizt, wahre innige Hochachtung abzwingen, die nur der sittlichen Güte, der Liebe zu allen Guten und Wahren gehört, an der's ihm mangelt? — — Der fähigste Minister mag sich auf die geheimsten Triebräder aller Cabinete verstehen, sie nach Gefallen zum Ablaufer aufziehen, oder mitten in ihrem Laufe stellen, mag das Gleichgewicht von Europa in seiner Wage halten — wenn er sich dazu unedler, ungerechter Mittel bedient, hier einen Rechtschaffenen stürzt, und dort einen Treulosen

losen erhebt: so kann ich wohl seine schnelle Fassung und Entschlossenheit, seine Fein- und Gewandtheit, seine hellen und tiefen Einsichten, und die hohe Kraft seines umfassenden Genie's bewundern, aber wahre innige Hochachtung fodere er nicht, dies wäre eine Zumuthung, gegen die sich der gesunde Menschenverstand nothwendig sträubte, wenn auch alle Journale und Zeitungsblätter von seinem Lobe ertönten. Der Taglöhner, der sein schwarzes Stückchen Brod redlich und ehrlich verdient, und unter dankbarer Aufsicht zu Gott mit seinen Kindern und seiner Gattin in Liebe verzehrt, hat bey mir einen höhern Werth, verdient meine reinere ungeheuchelte Hochachtung; und wo ist das Tribunal der weisen, guten und edlen Menschen, das laut vor aller Welt sagen kann: „da thust du unrecht daran?"

Laßt uns aber auch einen einsichtsvollen Diener des Fürsten annehmen, der zur Gründung der Wohlfahrt seines Staates im Inn- und Auslande keine ungerechte, unedle Maaßregeln

regeln ergreift. Wir wollen ihm noch einen Gelehrten und Lehrer beyfügen, der durch mündliche und schriftliche Vorträge manche Aufklärung des Verstandes, manche Besserung der Herzen, vielleicht unter einer halben Nation verbreitet. Dabey wäre es doch nicht unmöglich, daß nicht eine unlautere oder minder edle Absicht, der Geiz nach Gunst und Ehre, nach Gewinn und sinnlichem Vergnügen, oder die Sättigung von sonst irgend einer Privatleidenschaft die herrschende Triebfeder ihrer Bemühungen wäre. Wäre sie's; nun so werde ich mich ob dem vielen Guten freuen, das sie stiften, aber unmöglich die Männer hochachten, die aus Ruhm= und Selbstsucht handelten, nicht das Gute, das sie bewirkten, sondern ganz was anders liebten, was auf wahre innige Hochachtung nimmer einen gerechten Anspruch hat. Sie liebten nicht die Menschen, denen sie wohlthaten; nicht die Wohlfahrt des Staates, nicht die Aufklärung und Besserung der Nation; sie liebten nur sich: aber auch lange nicht das ganze Sich, sondern nur das Bischen Ehre,

A 3   Ruhm,

Ruhm, Gewinn und Lust, das ihnen nach ihrem Temperamente, oder nach ihrer gegenwärtigen Laune, nach der Lage der Umstände und der Stufe ihres Alters wohlthat.

Wem sittliche Güte seines Willens mangelt, und dieser Mangel noch fühlbar ist; den können keine Lobeserhebungen dafür schadlos halten: vielmehr bemüthigen und drücken sie ihn. Er kann sich selbst den Beyfall seiner Vernunft, und die innige Achtung nicht geben, mit der ihn seine Lobredner belohnen wollen. Dagegen fühlt der Rechtschaffne seinen Werth, und findet in dem Besitze tugendhafter Gesinnung und Neigungen eine Würde, über die ihm keine gedenkbar ist; die ihm die unwandelbarste Ruhe, Fassung, Gesetztheit, Kraft und Stärke der Seele giebt; die ihn mitten im Genusse sinnlicher Freuden groß und doppelt freudig, mitten unter der Last seiner Leiden noch muthig und getrost erhält; die ihn sich und allen guten, edeln und weisen Menschen, und selbst der ewigen Güte und Weisheit werth macht;

und

und die noch dazu seine Sache, sein Eigenthum ist, das er sich erwirbt, so bald er will: und keine Gewalt und Macht raubt, wenn er nicht will.

II.

Eine natürliche Veranlassung zur Frage: Was ist sittliche Güte? Was sittlich gut?

Wer nur einigermaßen den hohen Werth und die Seligkeit bedenkt, von der wir eben sagten, und die uns sittliche Güte des Willens verschafft; muß nothwendig nach dieser Güte verlangen. Es zeigt sich auch, daß selbst bösartige Menschen, wenn sie nur noch einige Fertigkeit im Gebrauche ihrer Vernunft haben, gute, große und edle Thaten nicht erzählen hören, oder lesen, ohne Hochachtung dafür zu empfinden; ohne den lauten oder leisen Wunsch zu thun: „Möchte ich doch auch, wie dieser gute, edle, große Mann, möchte ich doch frey von den so sehr ange-

angewöhnten Neigungen und Begierden seyn, die mich fesseln und hindern, ein solcher zu werden!"

Es giebt wohl Fälle, da man den Blick der Seele nicht so ganz gerade, und fest auf solche Erzählungen heftet, daß sich ein solches merkbares Verlangen aufregte. Aber warum den Blick nicht so gerade und fest hingeheftet? Man fühlt, daß man eine bedächtliche Anschauung nicht aushalten könne, ohne sich selbst zu verdammen; ohne sich die Pflicht und Nothwendigkeit einer Aenderung aufzulegen; und daß man doch nicht Muth genug habe, zu einer solchen zu schreiten. Man will in dem Beyspiele des Tugendhaften, in diesem vorgehaltenen Spiegel, die Gestalt seiner Seele nicht so unähnlich und häßlich finden, als sie aussieht; nicht unruhig über das werden, was man ist: darum wendet man nur das halb ofne Auge darauf hin, oder schnell wieder ab. Sonst würde es unmöglich seyn, nicht jenes Verlangen nach dem hohen Werthe sittlicher Güte zu haben,

durch

durch das man doch in seinem Hange und
Streben nach ganz andern Annehmlichkeiten
nicht gerne gestört seyn mag. Eben weil man
die Kraft kennt, mit der die Anschauung sitt⸗
licher Güte auf uns eindringen, und durch
ihr eignes Interesse Unruhe, Streit und
Krieg gegen unsre unsittliche Lieblingsneigun⸗
gen und Begierden erwecken kann; eben die
Furcht vor dieser anerkannten Kraft macht es,
daß wir die Eindrücke davon nicht gerne so
ganz auf uns wirken lassen, als sie bey einer
geraden deutlichen Ansicht wirken müßten.

Unverdorbne Kinderseelen, die mit ihrer
natürlichen Wißbegier an dem Munde des er⸗
zählenden Vaters oder Lehrers hangen, wer⸗
den die Beyspiele und Handlungen guter
Jünglinge und Männer gewiß nie ohne inni⸗
ge Rührung auffassen, nie ohne die Begierde
und den Wunsch, selbst ein guter Jüngling
zu seyn, ein guter Mann zu werden. Und so
wird jeder Mensch, der nicht ganz zum Thiere
herabgesunken ist, in keiner Handlung und
That sittliche Güte mit Bedächtlichkeit anbli⸗

A 5   cken,

cken, ohne selbst nach dem Besitze einer gleichen Güte zu verlangen. Um so dringender muß dieses Verlangen bey dem werden, der sich durch Nachdenken und Ueberlegung einen recht hellen Begriff, eine viel umfassende deutliche Einsicht in den hohen Werth und die Seligkeit erworben hat, die das schäzbare Eigenthum des sittlich guten Herzens sind.

Aus diesem Verlangen nach sittlicher Güte muß aber auch eben so nothwendig die Frage entstehen: Was ist sittliche Güte? Worauf kömmt es hier an, wenn ich zu ihrem Besitze gelangen will? — — Sie ist eine solche starke, herrschende Liebe zu allem, was gut und recht ist, daß sie alle Thätigkeit und Kräfte aufbietet, die nur immer zum Gut- und Rechtthun in unserer Gewalt sind.

Diese Antwort hat wohl keine Widerrede zu befürchten, aber sie wird eine neue Frage erwecken. Man will kennen, was man lieben soll, und deutlich wissen, was gut oder böse, was recht oder unrecht sey. Dem, der mir sagt: „Liebe mit ganzer Seelenstärke,

was

was gut und recht ist," kann es nicht uner=
wartet kommen, wenn ich ihm wieder sage:
„Was ist gut, was ist recht? Ich sehe
wohl ein, daß die herrschende Liebe alles Gu=
ten selbst das höchste Gut eines Menschen,
eines Subjektes sey; aber vom Gegenstande,
vom Objekte dieser Liebe möchte ich hinlängli=
che Auskunft haben. Sonst bin ich ja bey
all meinem willigen Streben nach sittlicher
Güte in Gefahr, in hundert einzelnen Fällen
mehr das scheinbare, als wahre Gute zu
wählen."

III.

Ueber die Bemühungen in Auflösung der Frage: Was ist sittlich gut?

Von jeher haben sich viele, kleine und
große Weisen, bemühet, diese Frage mit
philosophischer Genauigkeit aufzulösen. Viele
ermüdeten in dieser Arbeit, gaben alle Hof=
nung einer deutlichen Erklärung auf, und
woll=

wollten lieber von dem gemeinen gesunden Menschenverstande Leitung annehmen, als von philosophischen Speculationen, die so wenig befriedigten. Der Gegenstand ist immer wichtig genug, um Untersuchung zu verdienen, wäre es auch nur, um sich nicht jedem wankenden Systeme in die Arme zu werfen, oder am Ende mit Ueberzeugung zu wissen, wie viel oder wenig sich hier bestimmen lasse.

Dieß, und die Natur unserer Seele, die es so unbehaglich findet im Dunkeln zu wohnen; die sich nach freyer Aussicht, nach Licht und Deutlichkeit zu streben gedrungen fühlt, hat eine Menge Versuche hervorgebracht. Man durchforschte alle Triebe und Neigungen der Seele, ihren Ursprung und ihre gegenseitige Verkettungen miteinander; alle Gegenstände und Quellen, die verschiednen Grade und Köstlichkeit der Vergnügen; man unterschied mehrere Klassen des Guten, des Nützlichen, Angenehmen, Ehrbaren und Rechtmässigen. Man suchte die Seele mitten

in

in ihren Gesinnungen und Handlungen, auf jeder geheimen Triebfeder, auf jedem dunkeln und hellen Begriffe zu haschen, um ihr nur eine begnügende Antwort über die Frage: „was ist gut" abzulocken. Manchem schien sie laut, manchem leise zu sprechen. Allein das, was sie redete, ist nach verschiedner Aussage so verschieden, daß man alle Ursache zum bedenklichen Zweifel hat: ob, wem, wie viel und wie vernehmlich sie geredet habe.

Man vernehme nur die verschiednen Aussagen: — Der Eine spricht: Gut ist, was mich in jeder Betrachtung am meisten beseligt, die größte Summe angenehmer Empfindungen gewährt.

Ein Anderer: Gut ist, was mich am meisten vervollkommnet.

Ein Dritter: Gut ist, was die Vollkommenheit und das Glück des ganzen Menschengeschlechtes, wovon ich ein Theil bin, am vorzüglichsten befördert.

Ein

Ein Vierter leitet die sittliche Güte von einem höhern göttlichen Willen; ein Fünfter von der Uebereinstimmung unserer Gesinnung, Neigung und Handlungen mit den Vollkommenheiten Gottes her. Endlich wem diese und andre Bestimmungen die Sache noch lange nicht hinlänglich erklären, der nimmt seine Zuflucht zu einem eignen moralischen Gefühle, das, wie ein sechster Sinn, die Bestimmung hat, die moralische Güte eben so zuverlässig, als das Aug die Farben, und das Ohr die Töne, zu empfinden.

Zwar sind die Schulen, und die meisten praktisch = philosophischen Schulkompendien ziemlich einstimmig geworden, von allen diesen Erklärungen nur eine, und meistens jene als allgenugthuend und vollgiltig aufzustellen, welche die sittliche Güte von der größten Summe angenehmer Folgen für unser Selbst herleitet. Allein wer mit den Philosophen vom ersten Range nur etwas vertraut geworden, wer sich in Garve's, ve's, Sulzers, Kants Schriften ein wenig umgesehen, dem muß es auffallen, wenn er diese Männer mit unsern beliebtesten Kompendien nicht einstimmig findet, und anderer seits unsre Schulen so ohne Bedenklichkeit absprechen hört, als hätten sie keine Männer und keine Gründe von einigem Gewichte wider sich.

Aus dem Kampfe dieser verschiednen Meynungen, deren jede auf philosophische Gründlichkeit Anspruch macht, bietet sich ein doppelter ziemlich bequemer Ausweg dar, den auch, um aus dem Gewirre zu einiger Selbstberuhigung zu kommen, nicht wenige betraten. Man gab sich entweders einem Systeme hin, und suchte seine Ueberzeugung durch Anhänglichkeit und Lob zu befestigen, mit dem man dasselbe, und hiedurch zugleich seine eigne philosophische Einsicht erhob, oder man zog sich von dem philosophischen Schau- und Fechtplatze in die zwar etwas dunkeln, aber doch ruhigern Gegenden der gemeinen Vernunft=Erkenntniß zurück. Man glaubte, te, schon mit Hilfe des gesunden Menschenverstandes, auch ohne alle feinere Zergliederung, das Gute und Böse so richtig, als weiß und schwarz, unterscheiden zu können, und erklärte die philosophische Speculation für eine öde Sandwüste, wo dem hin= und her wandernden Geiste so lange keine Ruhe wird, bis er nicht wieder an seine Stelle, von der er ausgieng, zur gemeinen Vernunfterkenntniß zurückkehrt.

Diese Verehrer des gesunden Menschenverstandes ärnten von ihrem Verfahren wohl mehr Sicherheit und Ruhe, mehr Vortheile und moralische Größe ein, als die oft leichtfertige Partheygänger der Systeme. Doch übertreiben sie auch wieder ihre Geringschätzung gegen die strengern Philosophen, wenn sie jede mühsame genauere Nachforschung, jedes Streben nach deutlicher Entwicklung für unnütze Arbeit, und leere Grübeleyen ansehen.

Es läßt sich über moralische Gegenstände nicht wohl reden, und noch weniger gründlich

lehren,

lehren, ohne in irgend ein System hineinzu=
gehen, oder gar aus allen verschiednes, was
zu unserm Vorhaben eben dienlich ist, zusam=
men zu rafen. Man findet sich gezwungen, al=
lerley Gesichtspunkte, allerley Beweggründe
zu versuchen, um der Seele helle Ansicht und
frohe, starke Liebe des Guten zu gewähren.
Dieß läßt sich aber nicht wohl thun, ohne
gerade wieder die Systeme zu nützen, die man
gelästert hat. Der populareste Lehrer pflegt
seinem Unterrichte im Guten, seiner Anem=
pfehlung der Tugend bald von den angeneh=
men Folgen, bald von dem allgemeinen Be=
sten, bald von einer höhern Vernunft, ei=
nem göttlichen Willen, bald von dem mora=
lischen Gefühle Licht und Stärke zu holen,
und er, der sich an kein System halten will,
plündert oft auf einmal alle zusammen aus.
Ist es nun aber gut, aus so verschiedenen
Quellen zu schöpfen, ohne sie vorher zu un=
tersuchen, ob jede, ob sie immer und überall
helles, reines, gesundes, durstlöschendes
Wasser gebe? Ist es gut, sich von allen Sei=
ten her mit Hilfstruppen zu verstärken, ohne

sie erst genau zu mustern, und zu wissen, ob man sich auf ihre Waffen und Stärke ohne alle Einschränkung verlassen könne?

Herr Kant glaubt gerade in diesem Verfahren, ohne vorläufige Unterscheidung und Prüfung von allen Seiten her Beweggründe zur Ausübung der Tugend zu sammeln, eine vorzügliche Ursache zu finden, warum eben diese Tugend so wenig reine Liebhaber und treue Verehrer zähle.

Seinem Urtheile nach können sich unter diesen Beweggründen gar zu leicht solche mit einfinden, um derentwillen die Tugend nicht darf geübt werden, ohne eben dadurch die Würde reiner Tugend zu verlieren. So hat man es dem Systeme, das die Merkmaale des Guten, und die Ermunterungsgründe dazu von der größten Summe angenehmer Folgen und Empfindungen hernimmt, schon oft vorgeworfen, daß es mehr selbstsüchtige sinnliche, als tugendhafte Menschen zu bilden, mehr die Sittlichkeit zu verderben, als zu gründen, geschickt sey. Ich hoffe, in der

Folge

Folge dieser kleinen Schrift, dieses Urtheil eines unserer größten Denker, und diesen Vorwurf gegen eines der beliebtesten Systeme durch überzeugende Beweise zu rechtfertigen.

Indessen soll es aber nur zweifelhaft bleiben, wie weit dergleichen Urtheile und Vorwürfe gegründet seyen. Schon diese Ungewißheit bringt gewisse Gefahr, die Eroberung des hohen sittlichen Werthes durch eben dieselbe Bemühung zu verfehlen, durch die man sie erreichen will; wenn man nämlich aus allerley Systemen der Sittlichkeit, ohne nähere Prüfung derselben, allerley Behilfe dazu hernehmen will. Die Nothwendigkeit, bey dem sittlichen Unterrichte in allgemeine Begriffe und Beweggründe, in mancherley Grund- und Folgesätze hineinzugehen; und die Gefahr, ohne vorläufige Prüfung und Auswahl eben die Sittlichkeit, die man empfehlen will, um ihre Würde zu bringen — dies läßt uns eine genaue philosophische Untersuchung in einem so wichtigen Gegenstande nicht als eine leere unnütze Grübeley ansehen.

Es würde freylich eine unschickliche, und zum Theile schädliche Bemühung seyn, jeden Taglöhner und Ackersmann zu einem gelehrten Systematiker, zu einen feinen Zergliederer der Begriffe im Geschäfte der Sittlichkeit bilden wollen. Aber die Lehrer der Sittlichkeit können sich von der Pflicht, durch Zergliedern und Forschen nach einer hellen, zusammenhängenden Einsicht zu streben, schwerlich unter irgend einem Vorwande lossprechen. Auch bey geringer Aufmerksamkeit auf die Erfahrungen ihres Lehramts zeigt es sich, wie schwankend und unbestimmt, oft wie widersprechend und jämmerlich es um den Unterricht aussehe, wenn man andre über Gegenstände belehren, ihnen ächte Vorstellungen und Begriffe beybringen will, ohne erst die seinigen berichtigt zu haben. Man muß zwar dem Volke kein trocknes Skelet von Bestimmung und Eintheilungen, von Grundprinzipien, und Folgesätzen vorlegen; aber doch sie selbst wissen, immer darauf zurücksehen, und die Sicherheit jener Anleitung, mit der man andre führen will, mit desto größerer Strenge

daran

daran prüfen, je wichtiger die Sache ist, da
es sich um das höchste Gut und die höchste
Würde fragt, deren der Mensch fähig ist;
je gefährlicher jeder kleine oder große Irrthum
darinn werden kann. Die Anordnung der
Marschroute, der verschiednen Richtung- und
Wendungen fodert nicht, daß man jeden Land-
oder Schiffsoldaten zum Kenner der Land- und
Seekarten, zum kunsterfahrnen Beobachter
mittels der Magnetnadel und des Astrolabiums
bilde; aber der Schiffkapitain, der komman-
dierende General darf kein Frembling darinne
seyn.

Die Aufklärung, das Lieblingswort der
kleinen und großen Vernunftmänner unserer
Zeiten, kann doch wohl am Ende keinen an-
dern Zweck haben, als den Menschen durch
Beförderung sittlicher Güte und Tugend jenen
Werth zu verschaffen, welcher allein jeden an-
dern übertrifft, und der höchste aus allen ist.
Nun hält man bey allen anderen Wissenschaf-
ten keine Anstrengung des philosophischen
Forschgeistes zu groß, um im Gebiete der

B 3   Kennt-

Kenntniſſe immer weiter vorzurücken; und da es auf eine gründliche Kenntniß ſittlicher Gegenſtände, da es auf jene Wiſſenſchaft ankömmt, die der Endzweck, die ordnende regierende Herrſcherinn aller übrigen iſt, ſoll man ſich einzig mit der gemeinſten Vernunfterkenntniß befriedigen? Man bedenke nur, wie leicht derſelben oft alberne aber verjährte Gewohnheiten, unbedeutende abergläubiſche Gebräuche und Ceremonien, grundloſe aber durch langen Beſitz im Anſehen ſtehende Meynungen und leeres Auſſenwerk als ihre ächte Kinder untergeſchoben werden, wenn man nicht deren falſchen Geburtstitel durch genauere Nachfrage, durch Forſchen, Sondern, und Scheiden aufzudecken bemüht iſt.

Einmal es liegt ſchon ſelbſt in der Natur des menſchlichen Geiſtes, daß er die Wolken, die bey der gemeinen Vernunfterkenntniß noch immer über den Gegenſtand hangen, durchbrechen, und ſich in eine reinere lichthelle Gegend aufſchwingen will. Die große Menge von Schriften und Kathedern der praktiſchen

Philo-

Philosophie legen den Beweis davon ab. Zugleich zeigen aber die Widersprüche ihrer Systeme, daß man aus Verlangen nach einer hellern Fakel oft einem blendenden Scheine nachjagt, und auf Abwege geräth. Wäre der Frucht unserer Untersuchung kein anderer, als einige dieser Abwege in einem so wichtigen Gegenstande kennbar zu machen; könnten wir auch nichts weiters, als einige Gränzsteine ausstecken, über die man sich nicht ohne gegründete Furcht gefährlicher Irrwege hinauswagt; so wäre schon dies eine Wohlthat für uns und andere, um die man seinen Geist wohl zur philosophischen Nachforschung anstrengen dürfte.

Endlich hangen unsere Begriffe von Gott mit jenen, was sittlich gut oder böse sey, näher zusammen, als sich mancher einbilden mag. Kömmt es bey der Vorstellung, die man sich vom besten vollkommnesten Wesen macht, nicht auch darauf an, was wir insgemein für gut und vollkommen ansehen, und ansehen sollen. — Vielleicht, daß hierinn eine der

Wahr-

Wahrheit näher rückende Bestimmung auch ein neues Liecht über die so verworrene Frage der menschlichen Freyheit zurückwerfen, einen ganz natürlichen, und vollkommnen Zusammenhang, eine genaue Zusammenstimmung der philosophischen Sittenlehre mit jener der Religion aufs deutlichste darlegen möchte.

Doch die folgende Untersuchung kann und soll es wohl aufs hellste darthun, daß es keine überflüssige Mühe, kein Hang nach leerer Grübeley war, sie anzustellen.

IV.

Ordnung, nach der wir die Auflösung der Frage: „Was ist sittlich gut?" versuchen wollen.

Die Auflösung der Frage: „was ist gut?" läßt sich nicht unschicklich mit der Prüfung der Antworten anfangen, die andere darauf gegeben haben. Es kann sich
am

am Ende die Wahrheit um so leichter zeigen, und etwa auch um so siegreicher darstellen, wenn man erst manche Irrthümer ihres falschen Glanzes entblößt hat. Nirgends ist dieß nöthiger, als in dem Falle, da sich über einen gewissen Gegenstand schon Systeme so sehr festgesezt haben, daß sie auf Besitzstand und einen ausgebreiteten Beyfall beynahe trotzen können. Man will kein anders Gebäude auf die Stelle hinsetzen lassen, auf der schon ein allem Anscheine nach herrlicher Palast stehet. Erst muß man zeigen, daß der schöne Palast in seinen Grundfesten nichts tauge, und nur durch eine geschminkte Aussenseite für sich einnehme.

Ob dieß nicht gerade der Fall in gegenwärtiger Materie sey, wird sich zeigen.

Unter den Antworten, mit denen man unsre Frage aufzulösen, und eine sichere Grundfeste zum Gebäude der Tugendlehre zu legen glaubte, scheinen sich zwo durch einen allgemeinern Beyfall auszuzeichnen.

B 5   Von

Von diesen soll zuerst, und dann auch von den übrigen die Rede seyn. Am Ende wollen wir diejenige anführen, die uns die wahreste, und zur Beförderung reiner sittlicher Güte die zuträglichste dünkt.

Diejenigen Lehrer der Sittlichkeit, die sich den größten Beyfall, und die meisten Anhänger erwarben, holen die Kenntniß und die Merkmaale des Guten und Bösen aus der Erfahrung her. Sie sehen bey unsern Handlungen einzig auf ihre Folgen und Wirkungen, theilen sich aber dabey in eine doppelte Klasse.

Die erste mißt das Gute an den Folgen und Wirkungen, die der Handelnde einärntet; die zweyte an jenen, die der Menschheit, oder dem größern Theile ihrer Mitmenschen zufließen. Die erste sieht auf das eigne, die zweyte auf das allgemeine Beste. „Gut ist — sagt die eine — was, alles wohl überrechnet, die größte Summe Vergnügen und angenehmer Empfindungen dem Handelnden gewährt, und die größte
Summe

Summe unangenehmer entfernt." — „Gut
ist — sagt die andre — was große, weit
ausgebreitete Seligkeit stiftet." Nach jener
muß man das allgemeine Beste befördern,
weil die Beförderung unsers eignen davon
abhangt; nach dieser unser eignes dem all=
gemeinen nachsetzen. Jede dieser Klassen
verdient eine nähere Beleuchtung.

V.
„Gut ist, was uns die größte Sum=
me angenehmer Folgen verheißt." —
Ist diese Bestimmung des Guten wahr
und richtig?

Die Philosophen hätten sich um unsern
Hang nach angenehmen Empfindungen kein
größeres Verdienst erwerben können, als
wenn sie das, was uns jedesmal am mei=
sten und lebhaftesten vergnügt, auch für
das Beste und den würdigsten Gegenstand
unsers Wollens zu erklären gewußt hätten.
Aber

Aber es war unmöglich. So lange sie nicht stark genug sind, allen gesunden Menschenverstand bey sich zu verläugnen und bey ihren Mitmenschen zu vertilgen; so lange läßt es sich ohne allgemeine Empörung desselben nicht sagen: "Gut ist, was dich jedesmal gleich unmittelbar am höchsten vergnügt, dich und deine gegenwärtige, mit Ungestimm fodernde Neigung, am vollkommnesten befriedigt." Diese Grundregel würde aus der Mäßigkeit ein Verbrechen, aus der ausschweifenden Wollust eine Tugend, aus dem herrsch = und erbschaftsüchtigen Sohne und Vatermörder einen Heiligen gemacht haben. Zum Glücke, daß sich keine nur obenhin kultivirte Menschenvernunft auf eine solche Seligsprechung versteht, und sich wohl nie verstehen wird. Sie findet ohne vieles Nachdenken, daß Menschen, die nur immer nach ihrer gegenwärtigen Neigung, und auf ihre Befriedigung, als ihr höchstes Gut, zuwandeln, nothwendig sich, und jede ihrer Gesellschaften zerstören müßten, wenn es ihnen ihren vorgeblich guten Endzweck zu errei=

erreichen gelingen sollte: Sie würden sich aus Hange nach Lust zum dürftigen Bettler machen, zum kranken, blassen und siechen Todtengerippe entnerven, tausenderley Widerstand bey ihrem Streben nach Zweck und Mitteln fühlen, und sich bey jedem merklichen Geschreie ihrer Leidenschaft manche eifersüchtige, auf Ehre und Vermögen haltende Todesfeinde und Todesgefahren wecken. Niemand würde vor den plötzlichen Einfällen eines Wirbelkopfes und den Aufwallungen seiner unbändigen Begierden mit seiner Ehre, mit seinem Vermögen und Leben sicher seyn. Denn die Befriedigung ihrer jedesmaligen Neigung wäre gut, und das Mittel, das zu dieser Befriedigung führt, müßte es auch seyn.

Die Foderung der Neigungen, die ohne Aufschub und ohne Verläugnung auf den Genuß loszielen, liegen mit den Foderungen der Vernunft, mit dem eignen und dem allgemeinen Besten zu offenbar im Streite, als daß es auch dem gewandtesten philoso-

phischen

phischen Geiste möglich wäre, hier einigen Frieden, oder auch nur vollkommnen Waffenstillstand auf volle vier und zwanzig Stunden zu schließen. Indessen wagte man es doch, dem Herzen, das mit Beyhilfe seiner Begierden so oft den Sophisten macht, auf einer andern Seite zu schmeicheln, es mit seinen Foderungen zum Philosophen zu erheben, und seine Ansprüche auf Lust und Vergnügen als recht und gegründet darzustellen. Lust und Vergnügen aller Art sollte der Maasstab des Guten, und die oberste Triebfeder aller guten Handlungen bleiben; aber nicht jede einzelne Lust, die eine Folge jeder einzelnen Handlung wäre, sondern die größte Summe der Vergnügen, die man aus der Summe aller Handlungen des Lebens schöpfen mag. Man sagte nicht: „Was dich vergnügt, ist ohne alle weitere Rücksicht und Ausnahme gut. Nein! — hieß es — Sieh erst zu, ob dich das nächste Vergnügen nicht um manche ferne, um mehrere und größere bringe. Unmäsiger Genuß sinnlicher Lust könnte deine Gesundheit

heit und dein Nervensystem zerrütten, deine sinnlichen Werkzeuge auf einmal stumpf, dich zu fernerm lebhaften Genusse sinnlicher Freuden zu den Freuden der Thätigkeit, der vortheilhaften, Ehre und Lohn versprechenden Arbeit, zu den Freuden des glücklichen Forschens und der erweiterten nützlichen Kenntniß auf immer, und für dein ganzes Leben unfähig machen: dein rastloses, gewaltthätiges Streben nach Vergnügen, und den hiezu dienlichen Mitteln aller Art, nach Ehre, Vermögen, Mitgehülfen könnte der Begierde eines Mächtigern in den Weg kommen; dir unüberwindlichen Widerstand, Abgeneigtheit, Schande und Verachtung bey deinen Mitmenschen zu ziehen: könnte dich ihres gefälligen Beytrages zu deinen Vergnügen, ihres Dankes, ihrer Liebe, Achtung und Freundschaft, und aller damit verbundnen Freuden und Annehmlichkeiten berauben. Vergnügen, Lust, angenehme Empfindung, Befriedigung deiner Begierden und Neigungen soll dein höchstes Gut seyn, soll alle deine darnach geordneten Handlungen gut und heilig machen; aber überrech-
ne

ne es allemal wohl, wie du davon das Meiste im weitesten Umfange, aufs lebhafteste im höchsten Grade, und aufs dauerhafteste für dein ganzes Leben erobern und geniessen mögest. Jede Handlung, die dir dieß verheißt, ist gut; und führt sie auch Unbequemlichkeiten mit sich, so quillt doch aus dem Bittertropfen ein Strom der Lust. Jede Handlung, die dich mit dem Gegentheile bedroht, ist böse; und schmeichelt sie dir auch mit Annehmlichkeiten, so ist doch im Becher nur oben am Rande Honig, unten sitzt Gift und Tod. — *Gut ist, was, alles wohl überdacht, dir die größte Summe der angenehmsten Folgen und Empfindungen verheißt.*

Ist aber dieser Satz auch wahr und richtig? Laßt uns in der Prüfung desselben ordentlich und theilweise vorrücken.

Gehört

A.

Gehört das frohe Bewußtseyn des Guten
auch unter die Summe jener angenehmen
Folgen, um derentwillen eine Handlung
gut heißen kann?

Es läßt sich von mancherley Handlungen, die doch mit allgemeiner Einstimmung gut und edel heißen, oft keine andre angenehme Folge dieses Lebens angeben, keine voraussehen, als einzig das frohe Bewußtseyn des Guten. Selbst die Lehrer, die alle sittliche Güte einzig auf die angenehme Folgen unserer Thaten bauen, können bey manchen, und gerade den edelsten Handlungen nichts als widrige und höchst unangenehme entdecken. Um sich also und ihre Lehre zu retten greifen sie nach dieser einzigen Stütze, nach der angenehmen Empfindung des frohen Bewußtseyns, nach dem köstlichen Gefühle, mit dem man sich mitten unter Schmerzen und Trübsalen, unter Wellen und Stürmen groß,

C edel,

edel, und aller Achtung noch werth fühlet. Allein es ist schwer, mit dieser Stütze ihr Lehrgebäude zu halten, und weder sie, noch dieses sinken zu lassen.

Wenn man fragt: was ist gut? — so verlangt man eine Antwort, die mich das Gute klar und sicher kennen lerne. Antwortet man aber, wie hier der Fall ist: Gut ist, was frohes Bewußtseyn des Guten gewährt — so denke ich, sollte jeder, der nur die Worte versteht, einsehen, wie unschicklich diese Antwort lasse, um eine Erklärung zu seyn. Eben das Wort Gut, wovon man einen deutlichen Begriff angeben will, steht mitten in der Erklärung so dunkel und unerklärt da, als am Eingange derselben. Diese Antwort sagt ja nicht mehr und weniger, als dies: „Gut ist, wobey ich ein Bewußtseyn des Guten mit inniger Frohheit habe." Dies ist aber eben die Frage, an welchen Merkmaalen ich mir des Guten zuverlässig bewußt werde, und will man die angenehmen Folgen der Handlung als diese Merkmaale angeben,
so

so muß man ganz andere Folgen darlegen, als eben dieses Bewußtseyn, und die Frohheit, mit der es begleitet ist. Das heißt, sich in einem Kreise herumdrehen, wobey man mit aller Bemühung keinen Schritt vorwärts thut, sondern am Ende wieder auf dem nämlichen dunkeln Punkte steht, von dem man ausgieng.

Das frohe Gefühl, mit dem wir uns im Besitze einer guten That und jener Stärke der Seele, die sie vollbrachte, glückselig schätzen, kann uns das Gute angenehm, aber nicht kennbar machen. Sonst wäre man ja froh, weil man wüßte, daß man Gutes gethan; und man wüßte, daß die That gut gewesen, daß man Gutes gethan, weil man froh wäre. Diese Auflösung, die die Folge zur Ursache, und eben dieselbe Ursache wieder zur Folge macht, kann sie sich bey jemanden des geringsten Beyfalles getrösten, ohne ihn um den Titel eines Philosophen zu bringen? Nein! das frohe Bewußtseyn ist nicht eine Folge der Handlung, sondern eine Folge der Begriffe, die wir von der Handlung hegen, und die sie uns zum voraus als gut darstellten. Nicht darum erkennen wir unser Wollen und Streben als gut, weil es uns frohes Bewußtseyn gewährt; sondern darum haben wir frohes Bewußtseyn, weil wir unser Wollen und Streben als gut erkennen.

Man könnte zwar vielleicht auch sagen, das frohe Gefühl bey der Anschauung oder dem Bewußtseyn des Guten wäre mit diesem so enge und unmittelbar verbunden, daß sich nicht wohl entscheiden lasse, ob der Begriff des Guten nicht vielmehr aus dem angenehmen Gefühle, als aus der Vorstellung und Anschauung der Handlung entstehe. Allein den Lehrern, die alles Gute der Handlungen einzig auf ihre angenehme Folgen gründen, trägt dieses zum Behufe ihrer Meynung gar nichts bey. Denn wäre auch das Gute aus dem angenehmen Gefühle, das uns das Anschauen der That giebt, erkennbar, so wären es ja eben darum nicht die Folgen der Handlung, sondern es wäre ein eigner moralischer Sinn,

ein

ein eignes moralisches Gefühl, das über ihre sittliche Güte den Ausspruch thäte. Von diesem soll aber noch unten sonderheitlich gehandelt werden.

Indessen wollen wir, was doch so unrichtig ist, als richtig annehmen; wollen zugeben, daß jenes freudige Bewußtseyn auch unter jene angenehme Folgen und Empfindungen gehöre, um derentwillen so manche eine Handlung als gut erklären: ist darum schon die Auflösung ohne alle Schwierigkeit? Wenn ich aus meiner Handlung keine andere erfreuliche Folge, als nur diese vorhersehe, und wenn mir zugleich das Gegentheil manches lebhafte Vergnügen verheißt, warum soll ich vielmehr dem Triebe dieses Gefühles als meinen übrigen Neigungen folgen; warum als sittlich gut annehmen, was mir jenes, und nicht vielmehr, was mir diese als gut anpreisen? Wenn dem Diener des Fürsten der Entschluß, kein Scharfrichter seines Herrn, kein Theilnehmer an seinem grausamen ungerechten Drucke der Unschuld zu werden, Ungnade und Elend für sich

sich und seine Familie zuzieht, warum soll er das gute Gewissen den lebhaften Freuden des Hofes und der Wohlfahrt und dem Ueberflusse der Seinigen vorziehen? Was bringt ihn? Gewiß nicht die Größe des Vergnügens, das ihm das gute Bewußtseyn giebt, das eine feine und wenigen recht merkbare Empfindung ist. Weit mehrere und viel lebhaftere Vergnügen stehen diesem im Streite gegenüber. Warum sollte er nicht lieber der lauten Stimme der leztern als der leisen des erstern, des frohen Bewußtseyns, folgen? Die Güte der Handlung beruht ja nur auf der größten Annehmlichkeit ihrer Folgen. Freylich sagt alle Menschenvernunft, daß seine Aufopferung mehr Güte, und Adel habe, als alles Ansehen, Vermögen und Glück, das er mit seinem Fürsten nur bey dem Raube und Mord der Unschuld theilen kann. Aber so wäre es ja nur die Vernunft, und nicht die Summe und Größe der angenehmen Folgen, die die sittliche Güte bestimmte, die, unabhängig von allen Folgen, über Gut und Recht mit einem vollgiltigen Machtspruche entschiede?

Ends

Endlich giebt es ja wohl Handlungen, und diese sind gerade die besten und edelmüthigsten, die selbst mit der wahrscheinlichen oder gewissen Aufopferung des Lebens verbunden sind. Was gewähren sie für angenehme Folgen in diesem Leben, das sie rauben? Hier hat selbst das frohe Bewußtseyn, das in manchen andern Widerwärtigkeiten noch der einzige Trost ist, keinen Platz mehr. Es bleibt nichts übrig, als daß man sich hinter die Zukunft flüchte.

B.

Können jene, welche die sittliche Güte der Handlung aus der größten Summe der angenehmsten Folgen herleiten, auch die glückseligen Folgen der Zukunft mit in ihre Rechnung bringen?

Zwar schränken sich jene, deren System wir prüfen, immer nur auf die Folgen dieses gegenwärtigen Lebens ein. Sie können auch, ohne sich selbst zu widersprechen, nicht wohl

darindarüber hinaus gehen. Sie wollen uns ja das Gute aus der Erfahrung kennbar machen; wie könnten sie sich also auf die Folgen der Zukunft berufen, die ganz außer dem Umkreise aller gegenwärtig möglichen Erfahrung liegen? Indessen möchte es ihnen, oder ihren Anhängern, doch etwa einfallen, hierauf den Fall einen Hinterhalt zu suchen, wenn sie ihr Gebäud auf dem Grunde unsers gegenwärtigen Bodens nicht sicher und haltbar genug fänden. Wenigst wird es nicht ganz überflüssig seyn, ihnen diesen Rückzug hinter die dunkeln Schanzen eines ganz fremden Landes zum voraus abzuschneiden.

Wenn die sittliche Güte einer Handlung auch auf die Folgen der Zukunft beruhen sollte; so wäre sie darum gut, weil sie ewig belohnt würde, und es wäre also unrichtig oder läppisch, was man doch von jeher für klug und richtig gesprochen hielt, wenn man sagt: Sie würde darum ewig belohnt, weil sie gut wäre. Wenn gut seyn, und ewig selige Folgen haben eines und eben dasselbe

selbe ist, so heißt der Satz: „Das Gute muß mit ewig seligen Folgen belohnt werden," nichts weiters, als: Was ewig in der Zukunft belohnt wird, muß ewig belohnt werden. Was für Gründe hat man, den Ausdrücken des gemeinen Menschenverstandes solche nichtssagende Tautologien aufzubürden? Laßt uns sehen!

Die Frage: „Was ist gut?" will eine Antwort, die uns die sittliche Güte kennbar mache. Sagt man: Gut ist, was ewig angenehme Folgen nach sich zieht; so muß ich erst wissen, was für Folgen, gute oder widrige, auf jede meiner Handlungen warte, um dann aus jenen folgern zu können, ob diese gut oder böse sey. Nun wer sagt mir das zum voraus, noch ehe er weiß, ob ein Betragen sittlich gut oder böse sey? Wer kann es sagen, welche Folgen es in der Zukunft haben werde, um dann erst aus diesen seine Güte oder Ungüte zu bestimmen? Die Wirkungen und Folgen, die meine Handlungen in diesem Leben hervorbringen, kennen wir aus der Erfahrung,

oder

oder aus dem Unterrichte der Erfahrnen: und
wäre uns jene versagt, so wäre uns auch alle
eigne Kenntniß und alle fremde Belehrung
darüber versagt. Nun ist aber in Rücksicht
der künftigen Folgen alle Erfahrung unmöglich, wie können wir sie also zum voraus wissen, um in ihnen die sittliche Güte oder Ungüte unserer Handlungen zu schauen?

Wer uns aus den Folgen der Zukunft die
sittliche Güte will kennen lehren, der giebt
das Unkennbare zum Kenntnißgrunde an;
der will uns das Unerkannte, und Unerforsch-
liche zur Quelle nicht nur einer gemeinen,
sondern sogar einer genauen und philosophischen Kenntniß des Guten machen. Gewiß, die gemeinste Menschenvernunft erkennt
das Gute zuversichtlicher, als es je eine solche Philosophie kennen mag, die aus Quellen
schöpft, die so hoch oder so tief liegen, daß
sie sich außer ihrem, auch geschärftestem Auge, verlieren.

Faßt man die Sache näher ins Gesicht,
so findet man es ganz widersprechend, und
unden k-

unbenkbar, wenn man von Folgen der Zukunft reden, und daraus die Moralität der Handlungen bestimmen höret, ohne die Kenntniß eben dieser Moralität, die man bestimmen will, schon vorauszusetzen. Je wie man sein Wollen und Thun als gut oder böse ansieht, und nach dieser Einsicht gegenwärtig handelt; so werden auch künftig einmal die Folgen ausfallen. Auch wenn man sogar, doch ohne Selbstverschulden, irrt, und nach einer eingebildeten Ueberzeugung das, was man thut, für gut hält, da es doch böse ist; so werden sich die Folgen der Zukunft nicht nach der bösen Handlung, sondern nach der eingebildeten Ueberzeugung, und irrigen Kenntniß des Guten richten, und gut und selig seyn. Der königliche Vater, der in der dunkeln finstern Vorzeit die Besänftigung der Gottheit zu Gunsten seines Volkes nur durch die Aufopferung seines geliebten Prinzen sich möglich dachte, und gegen alle Einrede natürlicher Neigung, der redlich geglaubten Religion und der Liebe seines Volkes das harte Vater-Opfer brachte; handelte er mit weniger Hel-

demuth,

demmuth; als die Gott ergebne Mutter, die sich duldend und schweigend in die Arme der Vorsicht wirft, wenn ihr der Tod ihren einzigen Sohn, die Stütze ihrer Dürftigkeit und ihres Alters, von der Seite reißt? Wird Gott die Folgen der Zukunft nach der Handlung an sich, oder vielmehr nach der Einsicht und Kenntniß des irrenden Vaters bestimmen? — Wie manche Frommen glaubten redlich, mit Selbstplage, mit vieler, — an sich unnöthig- und übermässigen — Peinigung ihres Körpers sich Gott wohlgefällig, und werth des reinsten himmlischen Lohns zu machen? Soll ihnen für ihre redlich übernommene Plage in der Zukunft wieder Plage, oder vielmehr Freude und Seeligkeit werden? — Gewiß die Folgen der Zukunft hangen von jener redlichen Ueberzeugung und Kenntniß des Guten ab, mit der man handelte: wie will man nun die Kenntniß des Guten von den Folgen herleiten, und abhängig machen? Es muß erst ausgemacht seyn, ob man sein Wollen und Handeln nach möglich bester Einsicht für gut gehalten habe, ehe

ehe man ihm mit Zuversicht Freude im Lan=
de der Unsterblichkeit verheißen kann. Die
Kenntniß des Guten wird immer vorausgesetzt,
um von dieser auf gute Folgen schließen zu
können. Umgekehrt, geht es unmöglich an.

Eben hieraus wird ein wichtiger Unter=
schied zwischen den Folgen sichtbar, die uns=
re Handlungen in diesem Leben, und zwischen
jenen, die sie im künftigen nach sich ziehen.
Hier ist eine That mit gewißen eignen Folgen
verkettet, die eben dieselben bleiben, man
mag die That als gut, oder als böse gedacht
haben. Anhaltendes Lesen, Hören und
Nachdenken bringen bey einem hellen Kopfe
nützliche Kenntnisse, Geschicklichkeit zu Ge=
schäften, und in der Folge oft Ehre und
Ruhm, ansehnliche Stellen und Reichthü=
mer, mancherley Freuden und Vergnügen
ein, der emsige Arbeiter mag sich seine Ar=
beit als sittlich gut gedacht haben, oder nicht;
mag sie aus natürlichem Hange und Wißbe=
gier übernommen haben, oder aus Stolz und
Ehrsucht, aus Verlangen, mit seiner Gelehr=
sam=

samkeit einen Rechtschaffnen zu verdrängen, oder hundert und tausenden aufzuhelfen. Solche und dergleichen Folgen hat hier jede Handlung, auch bloß als Handlung, und als Objekt betrachtet. Aber für die Zukunft bringt sie, so an sich allein genommen, weder gute noch böse Wirkungen. Diese fallen aus, je nachdem der Handelnde solche nach reifer Ueberlegung als gut oder böse ansah. Nicht das, was man thut, sondern die Einsicht und Ueberzeugung von Güte oder Ungüte, mit der man's thut, bestimmt jene Folgen, die wir künftige Belohnungen und Strafen heißen. Wir sind also abermal auf eben demselben Resultate: „Nicht die Folgen der Zukunft bestimmen die Güte der Handlung; sondern selbst diese Folgen werden erst aus der Ueberzeugung, mit der man die Handlung als gut kannte und that, bestimmbar."

Nach dieser Regel verfährt auch wirklich der gemeinste Menschenverstand. Erst sehen wir auf die Sittlichkeit der Handlung, und

dann

dann schliessen wir auf die selig= oder unse=
ligen Folgen der Zukunft. So lange wir an
ihrer sittlichen Güte zweifeln, sagt uns auch
überall nichts, ob darauf einmal gute oder
böse Folgen warten. Ihre Güte muß hier
entschieden seyn, dann wissen wir auch zwei=
felfrey dort ihre guten Wirkungen. Nicht
darum ist uns eine Handlung gut, weil wir
ewige Belohnung dafür hoffen; sondern da=
rum hoffen wir diese, weil wir jene als gut
erkennen. Daher jene unerschrockne Frey=
müthigkeit, und Fassung des Geistes, mit
der man an seine That gehet, wenn man sich
ihrer Güte bewußt ist. Man bedarf nicht
einmal, an die Folgen unsers künftigen Le=
bens zu denken; man weiß, man fühlt sich
unter dem Schilde der sittlichen Güte durch=
aus sicher und fest, gegen alle blendende
Einwürfe, die man von Zeit oder Ewigkeit
herholen mag. Nicht nur einmal hat man
Handlungen geprediget, und Himmel und
Seligkeit dafür verheißen; indeß man sie
nachher verabscheuenswerth und grausam,
oder abergläubisch und läppisch fand. Man
hatte

hatte dazu nicht nöthig, die unmögliche Selbsterfahrung zu machen, ob ihnen wirklich jene himmlische Seligkeiten würden, die Menschen darauf gesetzt hatten. Man sah ein — nicht zu erst — daß sie keinen Beyfall und keine Belohnung des Himmels hätten; sondern daß sie keine verdienten. Man fand keine wahre sittliche Güte daran, und darum sprach man ihnen ohne Bedenkzeit den Himmel ab.

Wenn all dieses, was in diesem Abschnitte gesagt worden, nicht so viel Ueberzeugung bewirkte, als es für sich bewirken könnte; so möchte vielleicht ein gewisser Gedanke an das Evangelium im Wege stehen, mit dem man es nicht wohl zu reimen weiß. „Warum — sagt dieser Gedanke — hält uns der göttliche Stifter des Christenthums so oft und so nahe die Seligkeiten der Zukunft vor's Gesicht, wenn es bey der sittlichen Güte der Handlungen darauf nicht ankömmt?"

Wahr ist es, das Evangelium bezeichnet manche gute Gesinnungen und Thaten, wofür

es

es das selige Reich Gottes verheißt. Allein nirgends sagt es, auch nur mit einer Sylbe, daß diese Gesinnungen und Thaten darum gut, und daraus als gut erkennbar seyen, weil sie zum Reiche Gottes führen. Entweders sezt es die Kenntniß des Guten bey diesen Verheißungen voraus, oder erleichtert sie, indem es den Inhalt des ganzen Gesetzes auf zwey Hauptgebothe der Gottes= und Nächstenliebe zurückführt. Aber von eben dieser doppelten Liebe, wie von allen übrigen Handlungen, fragt der Philosoph, worin denn eigentlich ihre Güte bestehe, ob in den angenehmen Folgen, wie so viele behaupten, oder worin sonst etwa? Der Philosoph darf auch wohl darum zur Ehre der Vernunft und des Evangeliums fragen, wenn er dabey nichts weiters, als helle Einsicht, und zur rechten Ausübung nützliche Kenntniß jener Tugend bzielet, die uns die Schriften der Evangelisten und Apostel so sehr empfehlen.

Ich habe gesagt: das Evangelium bezeichnet manche gute Thaten, denen sie künf=
D tige

tige Seligkeit verheißt. Nun wenn es gleich nicht beygesetzt, daß sie um dieser seligen Folgen willen gut sind, so könnte man doch sagen, daß man aus diesen seligen Folgen auf ihre Güte, wie aus der Wirkung auf die Ursache schließen könne. Dieser Einwurf trifft zwar uns gar nicht, da wir nicht allein nachforschen, woraus das Gute erkennbar seye, sondern auch worin es bestehe. Gleichwohl dünkt uns eine Antwort nicht ganz überflüssig, besonders da sie die Einwendung auch auf den Fall entkräftet, wenn sie wirklich hieher so passend wäre, als sie es nicht ist.

Wenn gleich das Evangelium so manche partikular-Thaten anführt, und des Himmels werth erkläret, so schweigt es doch wieder von so vielen andern, schweigt von so vielen tausend Individuelumständen, die doch alltäglich vorkommen, und die Güte der Handlung so oft abändern, und allemal mitbestimmen. Es läßt sich auch nicht einmal als möglich denken, daß uns eine solche genaue

naue Verzeichnung von Millionen einzelnen
Thaten mehr Vor- als Nachtheil, mehr Licht
als Dunkelheit und Verwirrung eingebracht
hätte. Ueberhaupt fodert es ja selbst die
Würde und Weisheit einer göttlichen Offenbarung, daß sie unsere Vernunft zwar er-
leuchte, aber zum weitern Selbstforschen nicht
träg und unthätig mache; ihr zwar, wie ein
erziehender Vater, durch Unterricht zu Hilfe
komme, aber auch durch zurückgelaßne Dunkelheiten zu eigner Anstrengung wecke, selbst
denken lehre und nöthige. Das ist nun eben
unser Geschäft, wenn wir die sittliche Güter
insgemein von unsern Handlungen, auch jenen, die im Evangelium nach ihren sonder-
heitlichen Umständen unberührt bleiben, aufsu-
chen; und das, was uns andere darüber gesagt haben, prüfen. In dem frohen Bewußtseyn, in den Folgen der Zukunft finden wir
diese Güte nicht, finden nichts, was uns hinlängliche Aufklärung darüber gäbe. Laßt
uns also weiter sehen.

D 2   Beruht

C.

Beruht die Güte der Handlungen auf der größten Summe angenehmer Folgen dieses Lebens, auch wenn man das frohe Bewußtseyn und die Folgen der Zukunft nicht mit in Anschlag bringen darf?

———————

Nicht das frohe Anschauen und Bewußtseyn, nicht die seligen Folgen der Zukunft benennen eine Handlung gut; sie muß schon zum voraus anderswoher, als gut erkannt seyn, wenn sie frohes Anschauen und Bewußtseyn, und die Hoffnung ewiger Seligkeiten gewähren soll. Will man nun gleichwohl ihre sittliche erkennbare Güte aus ihren Folgen herleiten, so können es nur Folgen der Handlung an sich, nicht des Bewußtseyns und der Begriffe, die man davon hat, nur Folgen für dieses Leben, nicht für die Zukunft seyn. Man würde nur darauf zu sehen haben, ob sie die meisten, die größten und die dauerhaftesten angenehmen Folgen, Empfindungen und Vergnügen für dieses Leben gebe; ob sie unsern gesammten gegenwärtigen Zustand, so viel es möglich ist, beselige: und dann würde man sie gut nennen. Man sieht von selbst, was man im Gegensatze nach dieser Regel als bös erklären müsse.

Diese Bestimmung des Guten, und das System, das man darauf bauet, hat sehr viele Reize, und so viel Scheinbar= und Interessantes, daß man sich über die Zahl seiner Vertheidiger und Anhänger nicht wundern darf.

Von jeher dachte man sich Sinnlichkeit und Tugend, Vernunft und Neigung im Streite gegeneinander. Man konnte nicht Mittel, nicht Hilfe und Waffen genug aufbringen, um die eine Parthey zu verstärken und die andere zu schwächen und zu besiegen. Man konnte mit allem Bemühen und Streben keinen festen Fußgrund, auf dem man nicht wankte, keine Stelle finden, auf der man volle Ruhe genöße. Man

D 3   gieng

gieng rechts, und kehrte nach einigen Schritten wieder links um; man wollte gerne der Stimme der Tugend folgen, und es erhob sich dawider der süße lockende Ruf, oft das übertäubende Geschrey der Neigungen. Man wollte diese befriedigen, und in den Armen der Freude, die ihre Befriedigung schenkt, ausruhen; und Freude und Ruhe ward durch das darein tönende Gewissen gestört. Unzufrieden mit der lästigen und oft so fruchtlosen Mühe nach Zufriedenheit, hätte man gerne gegen Gott und Himmel gemurrt, daß er uns zwischen zween Reibsteine gesezt, wo man keinen wegheben kann, und von beiden gedrückt wird; daß man im Schooße der Begierden und Lüste den bittern Anklagen der Vernunft nicht entgehen, und sich bey der Anhänglichkeit an die Tugend von den Fesseln der Neigung nicht ganz losmachen konnte.

Allein die Lehre, die das Gute in der größten Summe angenehmer Folgen zu finden glaubt, scheint auf die sinnreichste Art

von

von der Welt allen Streit, alle Klage und Unruhe zu heben. Tugend und Neigungen gehen nach ihr Hand in Hand in schwesterlicher Harmonie, und machen beide nur eine und ebendieselbe Foderung: Suche deinen Hang, deine Triebe zu befriedigen, und dir alle die angenehme Empfindungen zu verschaffen, wornach du verlangest. Du könntest zwar durch ein übereilt=hitziges Zufahren leicht einer Neigung so wohl thun, daß es einer andern wehe thäte. Sieh aber auch, eben darum befiehlt dir die Tugend, dein Auge zu schärfen; alle Freuden, wozu der Mensch Hang hat, oder in mancherley Umständen haben kann, auch in langen Registern zu studiren, und dich wohl vorzusehen, daß, so viel möglich, keine Neigung zu kurz komme, keine Freude, die sich, ohne Abbruch einer größern, genießen läßt, ungenoßen vorübergehe. Kannst du, weil sie oft selbst gegeneinander streiten, nicht allen Neigungen, wirklichen und vorhergesehnen, nicht volles Genüge leisten, so sieh doch darauf, daß die möglich höchste Summe ihre Befriedigung

D 4 erhal=

erhalte. Kannst du nicht jede Freude im höchsten Grade genießen, den einen Lustbecher nicht bis auf den lezten Tropfen ausschlürfen, ohne dich unfähig zum Genuße eines andern zu machen; so mußt du den ersten doch so tief hinabtrinken, als es deine Kraft leidet, mit der du noch den zweyten ergiebig kosten willst. — Die Verläugnung, die dir manchmal die Tugend zu gebieten scheint, ist weiter nichts, als Hingebung weniger kleiner und kurzer Vergnügen für viele, grosse und dauerhafte Wonne; des süssen Tropfens für Freudenströme; der einzelnen schönen Blume für den ganzen Lustgarten. Weder Tugend, noch Gott sind so mürrisch, dir die Befriedigung deiner Triebe und Begierden zu untersagen. Nur das wollen sie, daß du nicht eine, sondern alle, wenn es möglich ist, oder doch lieber viele, als wenige, und diese, so gut sichs vereinbaren läßt, lieber lange und lebhaft, als kurz und schwach, befriedigen mögest. Gut ist, was dir die höchste Summe, den höchsten Grad, und die längste Dauer angenehmer Folgen und Gefühle darbietet. So

So küssen sich dann Tugend und Neigung, und es ist nicht mehr der Krieg zwischen ihnen, den man sonst dachte und lehrte. Die Tugend stört eigentlich nicht mehr unsre sinnlich = und geistigere Vergnügen ; sie fodert uns nur auf, nicht zu sehr an den einzeln und kleinen zu hangen, und darüber die mehrern und größern fahren zu lassen. Wie erscheint uns da nicht Gott als ein so guter und lieber Vater, der es selbst will, daß wir nur recht viele und große Annehmlichkeit, wornach uns gelüstet, kosten und fühlen sollen? Wie ist nicht da auf einmal die Tugend nicht mehr jene gegen die Sinnlichkeit nur schwach reizende Schöne? Diese Lehre giebt ihr ja das volle Interesse nicht einer einzelnen, sondern unserer sämmtlichen Neigungen, all unseres Hanges nach Lust und Vergnügen.

Das wäre nun die Lobrede, mit der man die Bestimmung des Guten aus seinen angenehmen Folgen beehren, und sich zum lieben Anhänger derselben um so sanfter einwiegen könnte, da unsere sinnlichen Neigungen dadurch

D 5

dadurch so sehr geschmeichelt werden, und so
viel Land und Raum zu erobern scheinen.
Aber ob diese Lobrede nicht zu einseitig und
partheyisch ausfalle, ob hier nicht mehr das
sophistische Herz als der Verstand philosophi-
re, und die geschmeichelte Neigung auf Unko-
sten ächter Sittlichkeit vorzüglich die Lobred-
nerinn mache? — Laßt uns darüber die
unpartheyische Vernunft fragen!

Wenn das Gute einzig durch die angenehmen Folgen dieses Lebens als gut bestimmt
und erkannt wird, was ist dann die Tugend,
diese herrschende Liebe zum Guten, als herrschende Liebe zum Vergnügen, und Fertigkeit, alle unsre Neigungen in der möglich besten Harmonie zu befriedigen, und jene
Glückseligkeit zu befördern, die man in die
Befriedigung aller dieser Neigungen setzt?
Sie hat keinen eignen, keinen andern und höhern Werth, als die angenehmen Gefühle
haben, die uns durch die innern und äußern
Sinne, durch die Bilder der Imagination,
durch die Freuden der erlangten Kenntnisse,

der

der gestillten Triebe und Begierden werden. Die Schönheit, die man in der Tugend zu schauen glaubt, ist keine ihr eigne, ist nur jene Schönheit, die man in dem emsig und rastlosen Streben nach Vergnügen finden mag. Sich gut bewußt, und mit seinen Handlungen zufrieden seyn, heißt dann nichts weiters, als frohe seyn, daß man die größte Summe, Dauer und Stufe reizender Annehmlichkeiten und schmeichelnder Empfindungen bezweckt, und etwa auch erreicht; daß man über die Freuden der Sinne die Freuden der Kenntniß, über beyde die Behaglichkeit des gesunden Wohlbefindens nicht hintangesezt; mit der Lebhaftigkeit auch die Köstlichkeit, mit der Menge die Dauer der Vergnügen zu vereinigen gewußt habe. Mit einem Worte: die Tugend ist Liebe zur Lust aller möglichen Art, Menge und Dauer; ihre Ausübung ist thätiges Raffinement, Sinnen und Klügeln darüber; und die Freude des guten Bewußtseyns ist die Frohheit, so gut und glücklich über Lust raffinirt, und nach ihr gestrebt zu haben.

Die

Die Vernunft hat nach dieser Lehre mehr das Geschäft, den Neigungen zu dienen, als sie zu beherrschen. Sie ist die Magd mit der Laterne, damit der Mensch bey ihrem Lichte durch alle mögliche Lustgefilde dieses Lebens wandeln möge, ohne in die Graben zu stürzen, die sie durchschneiden; damit er alle Blumen beleuchtet finde, und wegen der schönen nicht die schönere, wegen der einzelnen nicht die Menge, und wegen der kurz nur Tage oder Stunde blühenden nicht die Perpetuelle vorübergehe. Sie muß ihm die sämmtliche Vergnügen, deren er nur immer fähig seyn kann, vorhalten; sie vergleichen, abwägen, und zu Gunsten der Neigungen zeigen, wie er am meisten, am leb- und dauerhaftesten davon genießen möge. Sättigung all seiner Neigungen ist sein höchstes Gut, bestimmt jede seiner Handlungen als gut, und der natürliche Hang dazu gebietet seiner Vernunft, ihm mit all ihrem Lichte zu dienen, um auf diesem Wege sein Ziel, die größte ausgebreitet- und dauerhafteste Lust dieses Lebens nicht zu verfehlen. Die Neigung

gung ist Frau und Herrscherin, und sezt die Vernunft zu ihrem Vortheile, zu ihrer Befriedigung in Thätigkeit. Das Vergnügen, das man zuweilen entbehren soll, wird darum nicht der Herrschaft der Vernunft, sondern einem höhern Vergnügen, worauf diese hinweiset, untergeordnet. Die Vernunft hat nur das Geschäft des Wegweisers zum Lande der Freuden, aber nicht sie, sondern diese sind es, die meine Füsse in Bewegung setzen.

Indessen scheint sie auch als Wegweiserinn für den Posten gar nicht gemacht zu seyn; vielleicht eben darum, weil sie für einen höhern bestimmt ist. Ein großer Philosoph hat es schon bemerkt, daß die menschliche Natur eben nicht am besten bedacht worden, wenn ihr Vernunft einzig in der Absicht zugegeben ist, um mit ihrem Lichte die möglich größte Zufriedenstellung unsrer Neigungen bewirken zu helfen. Man sieht nur allzuoft, wie sehr sich auch die geübteste Vernunft in Rücksicht der angenehmen Folgen bey mancher Handlung verrechne, so, daß Instinkt

zu

zu solcher Glückseligkeit weit sicherer geleitet hätte. Ein Rezensent, der sich seines Buches und Sinnes überall nicht am tiefsten bemächtigt hat, gab ihm die gewöhnliche, und dem Philosophen, den er bestreitet, gewiß schon lange zum voraus bekannte Antwort, daß eine Glückseligkeit durch Instinkt jenes köstliche Bewußtseyn aufheben würde, das man fühlt, wenn man sie als das Werk seiner Selbstthätigkeit ansehen kann. — Allein wenn der Glücklichste alles das wegrechnet, was bey dem guten Ausgange seines Bestrebens das Werk des Zufalles, und der von ihm ganz unabhängigen Fügung der Umstände war; so mag oft sehr wenig zurückbleiben, was er eigentlich als sein Werk ansehen darf. Der Bescheidne muß nicht selten, und bey den durch mancherley Hindernissen verwickelten Vorhaben vielleicht allemal, aufrichtig bekennen, daß er bey all seinen Bemühungen seinen Zweck eben so leicht hätte verfehlen können, als er ihn nun, oft einzig wegen günstiger aber unerwarteter Zwischenfälle, erreicht hat. Das Vergnügen,

mit

mit dem man in dem Genuße der Freuden
sein eignes Werk anschauet, muß also bey
dem demüthig=bescheidnen Manne sehr klein
ausfallen. Es ist zugleich mit all der Unbe=
haglichkeit verbunden, die er fühlt, da er
sich, seine Thätigkeit und Kraft nicht an=
schauen kann, noch soll, ohne zugleich sich
seiner engen Schranken, Schwäche und Kurz=
sicht mit bewußt zu werden. Gegen dieses
kleine, gar nicht reine Vergnügen, halte man
nun die große Gefahr, bey dem dunkeln Lich=
te der Vernunft so leicht irre zu fahren; statt
auf einer Glückesinsel zu landen an einer
Klippe zu scheitern; und sage dann, ob man
auf das wegen des zweifelhaften Ausganges
immer zweifelhafte Vergnügen des frohen
Bewußtseyns seiner Selbstthätigkeit nicht ger=
ne Verzicht thun möchte, wenn man nur von
dem Instinkte sichre Leitung zur Befriedigung
seiner Neigungen zu hoffen hätte. — Viel=
leicht wird die Freude, der Stifter seines
Glückes zu seyn, auch zu hoch angesetzt, und
nur darum so herrlich vorgemalt, weil sie
am Ende die lezte Brustwehre ist, gegen die

man

man den Gegnern, um sie von allem Angriffe abzuhalten, desto mehr Ehrfurcht beybringen will, je weniger sie wahre innere Stärke hat, die wirklichen Angriffe auszuhalten. Die Früchte schmeken doch wohl, auch wenn man sie nicht selbst gepflanzet, oder vom Baume gelöset hat. Der Gedanke, daß man eine Blume nicht durch eigne Pflege und Wartung erzog, macht uns ihren angenehmen Wohlgeruch nicht widrig, und benimmt ihrem Eindrucke von Schönheit wenig oder nichts. Wenigst sobald man eine Sache nicht anders, als durch viele Selbstmühe, und auch dann noch sehr unsicher, erreichen kann; so hält man es für wohlthätige Bequemlichkeit, der Mühe überhoben zu seyn, und sie durch seine Bediente oder Freunde herbeyschaffen zu lassen; man begiebt sich gerne des Bewußtseyns und der Freude, in jedem Genuße von Vergnügen und Bequemlichkeit sein eigen Werk zu finden. Dieß ist aber gerade der Fall, wenn unsre Vernunft die höchste Summe der angenehmsten Folgen ausmitteln soll. Es kostet ihr viele ermü-

ermüdende Anstrengung, und bey aller Anstrengung bleibt es noch immer zweifelhaft, ob der Erfolg für oder gegen unsre Befriedigung ausfallen werde. Wem sollte man es also verargen, sich lieber den sicher leitenden Instinkt, als die kurzsichtige und unsicher rechnende Vernunft zu wünschen, wenn ihr Hauptzweck nur einzig die Bewirkung der angenehmsten und seligsten Gefühle seyn soll?

Eben dieser enge Gesichtskreis unsrer Vernunft macht es uns unmöglich, nach dem sittlich Guten zu streben, wenn dieses in die Menge und Größe angenehmer Folgen gesezt wird. Um das Gute daraus mit Zuversicht zu bestimmen, müßte man nicht nur die nahen, sondern auch die fernen Folgen überschauen, und die Menge der Besten zum Bestimmungsgrunde seiner Handlung machen. Wer kann das? — Jede Folge ist ja wieder Ursache einer neuen Folge, und wer weiß, ob nicht die entferntesten eine Reihe von widrigen Fällen mit sich führen,

E wenn

wenn gleich die näher gelegnen viel angenehmes verheißen? Wer weiß also auch, ob er durch irgend eine Handlung einer größern Menge angenehmer, als schmerzhafter Gefühle in die Arme laufen werde? Wer — um Beyspiele eines größern Mannes, als ich bin, nach meiner Art und Einsicht zu nützen — wer sagt es mir, wenn ich nach langem Leben trachte, ob es nicht langes Elend seyn werde? Ob mich volle Gesundheit nicht zu Ausschweifungen mit verleite, vor denen mich ein kranker und siecher Körper bewahrt hätte? Ob höhere Kenntniß mir nicht auch neue Uebel, und neuen Anlaß zu einer mismuthigen Lage über Welt und Menschen, wie sie sind, darstellen? Ob Ehrenstellen und Reichthümer mich nicht stolz und hart, Bequemlichkeit nicht faul und träge mache? — Mit einem Worte; wer kann ohne Allwissenheit alle Folgen seiner Handlung überschauen? Unser Auge sieht nur eine kleine Strecke vorwärts, und sieht auch hier oft dunkel und ungewiß; den größten Theil der Zukunft erreicht es gar nicht. Und eine

Hand-

Handlung sollte wegen der kleinen Reihe von guten Folgen schon zuversichtlich gut heißen, und es hätte nichts zu sagen, wenn auch große unabsehliche Schaaren widriger Vorfälle ihrer Güte ganz widersprächen? Das heißt, die Güte der Handlung auf die allezeit kurze aber bey Verschiednen sehr verschiedne Aussicht der Vernunft gründen, und eben darum sehr schwankend und wandelbar machen. Mehr erfahrne und erleuchtete Menschen, und ich selbst, wenn ich an Erfahrung und Aufklärung gewinne, einmal weiter in die Folgen hinausblicke, werden das nothwendig für böse ansehen, was ich jezt als gut denke und denken muß. Ein höherer Verstand, als der menschliche, könnte und müßte manchmal um der fernern unseligen Folgen willen gerade an dem Bosheit entdecken, was doch von jeher alle weisen und edeln Menschen ohne Ausnahme gut dachten und nannten; und so zuversichtlich gut dachten, daß sie ohne Anstand Leben und Zukunft darauf gesetzt hätten, es müßte selbst von Engeln und Gott als gut gedacht werden. Es scheint

scheint mir wahrlich ganz widersinniges Zeug zu seyn, wenn man sagt: "Gut ist, was dir nach menschlich spannelanger Aussicht die meiste Annehmlichkeit verheißt; wenn es gleich aus so mancher Erfahrung gewiß ist, daß es dir, nach weitern dir unbekannten Folgen, unsägliches Elend aufladen kann."

Doch laßt uns das Auge vor all den Folgen, die unser in der dunkelsten Entfernung warten, ganz zuschließen, und den Blick abermal nur auf jene wenden, die noch immer deutlich genug in unserm Gesichtskreise liegen. Wenn ihre Annehmlichkeit eine Handlung gut benennen soll, so müssen sie einen wirklichen Gewinn, einen Zusatz zu unsrer Glückseligkeit einbringen. Nun steht es aber oft, wenn nicht allezeit, noch sehr dahin, ob dieses Wahrheit, oder nur Wahn und Einbildung sey. Alles, was sich erobern läßt, bleibt immer ein sehr beschränktes endliches Vergnügen, und gränzt links und rechts an so viel Unangenehmes, Gefährlich= und Widriges, daß es wohl der schärfsten Vernunft Mühe

Mühe kosten dürfte, zuversichtlich zu bestimmen, ob man nach Erreichung desselben an Vergnügen reicher und glückseliger geworden, als man's vorher war. Man schärfe seine Sinne und mache sie für die feinern angenehmen Eindrücke empfänglich; so werden uns nun die rohern wehe thun, und was vormals Freude machte, freudeleer lassen, oder gar widrige ekelnde Gefühle erregen. Man verschaffe sich ein sorgenloses Auskommen, einen guten Tisch, ein sanftes Lager, die Freuden der Besuche und Gesellschaften, des Umganges mit Weisen und Büchern. Aber fühlt man nun mehr Vergnügen über hundert, als ehemals über einen Thaler seines Vermögens? Mehr Vergnügen, daß man nun sorgenfrey ist, als man ehemals über eine erwartete und erstrebte, oder unerwartete von verborgner Menschenliebe kommende Aushülfe hatte? Bey geringen Einkünften durfte man wegen der Verwendung nicht viel rathschlagen; sie reichten kaum zum nöthigen Unterhalte hin. Nun beym Ueberflusse kömmt die Sorge für Bewahrung, wächst oft die

E 3 Sorge

Sorge für Vermehrung, immer die Pflicht der rechten Vertheilung, wie die Gefahr des Misbrauches und der übeln Verwendung. Ein guter, mit niedlichen Speisen und köstlichem Getränke besezter Tisch erquicken etwa den Reichen nicht so sehr, als den Dürftig- und Arbeitsamen die einfachsten Gerichte bey einem Trunke frischen Wassers. Der mehr gereizte Geschmack macht auch die Mässigung beschwerlicher, sezt Gesundheit und Kraft, die er stärken sollte, aufs Spiel, erregt manche der Tugend eben nicht günstige Wallung des Geblüts und Gährung der Säfte, und macht neuen Streit und Kampf dagegen nöthig. Alle sinnliche Vergnügen, wie leicht tödten sie die Kraft des Geistes und des Körpers, befördern Weichlichkeit und Trägheit, Hang zum Müßiggange und zur ausschweifenden Wollust? Wie erzeugen sie so viele neue bisher ungekannte Bedürfnisse? Wie schärfen sie den Stachel jedes unangenehmen Eindruckes und erwecken vor dem Mückenstiche oft mehr jammernde Furcht, als der brave Soldat vor dem Dolchstoße fühlt? —

Der

Der größere gesellschaftliche Umgang mit Menschen bringt Freude, aber auch tausenderley Zwang, und alle die Gefahren, die uns von falschen Freunden und üblen Verbindungen, von Betrügern und Ohrenblasern, von Zudringlichkeiten unsittlicher Grundsätze und Beyspiele aufstossen mögen. Er hat schon manchen großen Mann, der den Anblick so vielerley sich mit der Zahl der Gesellschafter vermehrenden Unvollkommenheiten nicht ertragen konnte, zum Misanthropen gemacht. — Umgang mit Büchern und Gelehrten giebt manches neue Licht; dient aber auch, oft ein neues undurchdringliches Gewölk zu beleuchten, das man sonst nicht einmal geahndet hätte; treibt vom leicht= und seichten zum anstrengend= und tiefsinnigen Denken; schlägt die Stützen unsrer bisherigen Ruhe aus, ohne allemal neue dafür unterzusetzen, oder wirft unter der schönen Hülle den Saame zu empörenden Leidenschaften, das Verlangen nach Idealwelten und den Aerger über die wirkliche in unser Herz. — Ist nicht mit jeder Freude neues Leiden, mit jeder Eroberung neuer Verlust oder Streit, mit jedem Ueberfluße neuer Mangel und neues Bedürfniß, mit jeder Kraft und Einsicht neue Pflicht und Arbeit verbunden? Welches sind denn nun die guten Folgen, die angenehmen Gefühle, die eine Handlung vor der andern gut und besser, und mich immer glückseliger machen sollen, als ich war? Treiben mich nicht alle diese so vermischte, so gar nicht reine Vergnügen im ewigen Kreise umher, daß ich es endlich leichter finde, Unglück als Glück recht zu tragen, oder es doch für zuträglicher halte, wenige gespannte Neigungen zu haben, als darauf auszugehen, um viele zu befriedigen? Und doch soll das Merkmaal des Guten die möglich größte Befriedigung aller unsrer Neigungen seyn? Und Tugend soll herrschende Liebe zu diesem Guten seyn, das auf Vergnügen beruhet, deren man sich zu seiner Ruhe lieber, so viel möglich, entwöhnen, als darnach streben sollte; in deren Besitz man sich oft weniger, als in den Mangel derselben zu finden weiß?

Ueber=

Ueberhaupt ist es allerdings bedenklich, daß eben die angenehmen Gefühle das Gute ausmachen sollen, die der Zufall nicht selten so häufig schenkt, als es Tugend und Liebe zum Guten erwerben kann; die, troz aller Kraft der Tugend, der Zufall oft wieder eben so leicht raubt, und die das Laster selbst oft nicht weniger gewährt. Wie mancher hat es seiner Geburt und Verwandtschaft, seinem Gesichte und Wuchse zu danken, daß er nun an einer für die Aufklärung des Geistes und Vergnügen der Sinne so vortheilhaften Stelle ist, zu der sich der mühseligste fähigste Arbeiter nie erschwingen kann? Wie manchem Rechtschaffnen raubt oder verbittert ein von Mutterleibe aus angeerbter siecher Körper all den süssen Genuß, den der starke gesunde Bösewicht in seinem vollen Eindrucke schmeckt? Tausend Zufälle und Naturbegebenheiten, feile niederträchtige Menschengeschöpfe nehmen dem Tugendhaften und Weisen so viele Mittel und Gelegenheiten zu angenehmen Empfindungen, und werfen sie dem Narren, dem Dumkopfe und Despoten haufenweise in den Schooß. Thut

Thut dies der Zufall, oder der uns unbezwingliche Willen der Menschen nicht immer, so hat doch auch die arglistige Bosheit noch Mittel genug, es sich selbst zu verschaffen. Wer den Mode = und Hofton zu treffen, geschickt den Neigungen anderer zu schmeicheln, sich in allen äußern Manieren bis auf Gang und Kleidung nach den Regeln des vergeblich guten Geschmacks zu richten, tausenderley gegenseitige Verbindungen zu studiren, und mit einem Geiste zu Intriken versehen, sie zu seinen Absichten zu benützen weiß; wer sich nach jedem Winde zu drehen, schön zu plappern, und gefällig zu tändeln versteht; wie hat der nicht Beyfall und Unterstützung von unsern Herren und Damen? Wie vielmal läuft er nicht zwanzig rechtschaffnen verdienten Männern den Rang ab? Rückt denn der der gemeinnützige arbeitsame Menschenfreund seinem Ziele, wenn dieses nichts weiters als angenehmer Genuß von Wonnegefühlen ist, etwa näher, als er ihm kommen würde, wenn er ein Tänzer oder fertiger Taschenspieler wäre, oder sich darauf verstünde, seine

Toch=

Tochter einem lüsternen Großen hinzugeben? Wird die feile Maitresse nicht zehnmal theurer bezahlt, als der rechtschaffenste und erfahrneste Geschäftsmann, und hat sie nicht mehr Vergnügen allerley Art, und Mittel dafür zu Gebote, als wenn sie eine dürftige arbeitsame Gattin geworden wäre?

Man sage nicht: Es mangelt dem Bösen, und Taugenichts doch immer an jener reinen Freude, die dem Tugendhaften das Bewußtseyn seiner sittlichen Güte gewährt. Denn, ohne zu wiederholen, was von der Frohheit dieses Bewußtseyns schon (A.) gesagt worden, ist es ja eben die Frage, warum die böse Handlung, die so viele angenehme Folgen herbeyführt, noch böse und nicht vielmehr gut heißen, und das frohe Bewußtseyn des Guten geben müsse, wenn dieses einzig auf den angenehmen Folgen beruhet?

Oder will man etwa läugnen, daß die krummen Wege der selbstklugen Arglist, des niedrigen Heuchlers — der sich (was der Tugendhafte nicht kann) alle Mittel und jede Maske des
Bigot=

Bigotten und Unglaubigen, des strengen und lokern Gewissens erlaubt — nicht manchmal zu höherm, dauerhafterm, und zahlreichern Genuße führen, als die geraden, gerechten Wege des Rechtschaffnen? Den Beweis dazu aus der Erfahrung zu führen müßte sehr schwer halten, und nichts so unmöglich seyn, als eine Unmöglichkeit a priori darzuthun. Fand man doch von jeher die Unsterblichkeit und künftige Vergeltung unsrer bösen und guten Thaten der Vernunft, und den Begriffen von Gott, seiner Güte und Weisheit eben aus dem Grunde so angemessen, weil die Folgen dieses Lebens so wenig nach der Güte der Handlungen ausfallen; weil der Böse bey den seinen so viel Angenehmes, der Rechtschaffne, so viel Widriges einschneidet, indeß lezterer eben so im Schooße des Glückes sitzen könnte, wenn er sich auf den Wegen des erstern um die Gunst desselben bewerben wollte.

Nein, wir haben eine Idee vom sittlich Guten, das von den angenehmen Folgen für unser Selbst ganz unabhängig ist — von
den

den Folgen, die, wie wir sahen, der Tugend keine eigne Schönheit, keinen über die Befriedigung der Neigungen hinausgehenden Werth lassen; die von der Vernunft, welche sie zur Dienerinn der Neigungen herabwürdigen, nie hinlänglich überschaut werden; die keine neue Glückseligkeit ohne neue Gefahr und Mühseligkeit einbringen, und endlich eben sowohl Folgen des Zufalles, der Schlauheit und des Lasters, als der Tugend sind. — Wir haben eine von diesen Folgen unabhängige Idee des Guten. Wir denken uns Gott als den Inbegriff aller moralischen Vollkommenheit; wir schreiben ihm die höchste unbeschränkte Liebe zu allem Guten zu: zu was für einem Guten? Etwa das um der Folgen willen gut ist, mit denen es den Handelnden vergnügt, und beseligt? Wahrlich nicht! Wie könnte der Seligste bey seinem Wollen, das That ist, auf eigne Beseligung durch die erst kommenden Folgen der That sehen? Auf unsre Wohlfahrt und Beseligung sieht er, nicht auf die seinige. Was haben wir also wohl für eine Ursache, Gott die Vollkom-

menste

menste Liebe alles Guten zuzuschreiben, wenn nur das gut ist, was selige Folgen für den hat, der Gutes will und thut? Wenn nicht eine andre Idee des Guten zum Grunde liegt?

Sie liegt zum Grunde, und nach ihr sprechen wir auch über die Güte der Handlungen bey Menschen ab. Wer das Gute um des Guten willen thut, ist uns ehrwürdig. Nur er liebt das Gute. Wer es vollbringt um einer andern Sache willen, liebt diese, nicht jenes. Wer dem Dürftigen wohlthut, um dessen Beyhilfe zu einem Bubenstücke zu erkaufen, liebt das Bubenstück, nicht den Armen. Wer Tugend predigt, um für tugendhaft zu gelten, will nicht die Tugend befördern, sondern seine Eitelkeit befriedigen. Tugend muß der Gegenstand und der Beweggrund seiner Predigt, das Gute muß der Gegenstand und Beweggrund unsers Wollens und Handelns seyn. Noch einmal also: Wer das Gute um des Guten willen thut, ist uns ehrwürdig; wer es um seliger Folgen dieses Lebens und der Lust willen thut,

ist

ist es uns nicht. Berührte aber die sittliche Güte eben auf diesen Folgen, und dieser Lust; so müßte ja die Handlung gerade um so größern moralischen Werth haben, uns um so mehr Hochachtung abzwingen, je mehr das Auge des Handelnden auf kommenden Gewinn und Genuß, das heißt, auf das Gute gerichtet wäre. — Wie viele Handlungen zeigen sich als gut, ohne irgend auf eine Folge zu denken? Wer schaut nicht in der Dankbarkeit und Liebe gegen Wohlthäter, gegen den höchsten Wohlthäter, sittliche Güte, auch ohne auf die geringste selige Folge zu schauen? Wer sieht nicht, daß diese Güte gerade in dem Verhältniß sinkt, in dem die Absicht auf neue Hofnungen und Wohlthaten steigt? Güte und Absicht auf selige Folgen liegen in ganz entgegengesezten Wagschaalen; sonst müßten ja beyde immer gleich steigen, und gleich fallen. Selbst die Philosophen, die uns vom Gegentheile gerne überreden möchten, nennen jenes Betragen gegen das höchste Wesen gut und pflichtmäßig, das den Begriffen, und der Kenntniß,

die

die wir von ihm haben sollen, angemessen ist. Die trocknen Begriffe können also die sittliche Güte bestimmen helfen, und es bedarf keiner Lustgefühle dazu, die Folgen unsers Betragens wären?

Noch sichtbarer wird es, wie der gesunde Menschenverstand die fein gesponnenen Faden und Gewebe philosophischer Systeme zerreißt, wenn man bedenkt, daß uns gerade jene Handlungen als die besten und ehrwürdigsten erscheinen, die keine einzige angenehme Folge für dieses Leben hoffen, lauter widrige fürchten, und oft beynahe mit Gewißheit erwarten lassen. Wenn der alte Woltemade durch die stürmenden Wellen die nahen Opfer des Todes ans Gestade so lange rettet, bis er selbst in die Tiefe sinkt; wenn Arco die rechte Hand seines Fürsten einnimmt, um den tödtlichen Schuß, der diesem vermeynt war, in seine redliche Brust aufzufangen; wenn sich Sokrates lieber dem ungerechten Todesurtheile unterwerfen, als durch heimliche Flucht die Gesätze, auf deren Ansehen die Wohlfart

des

des Staates gegründet ist, entkräften will; wenn Leopold mit unvermeidlicher Lebensgefahr dem Leben der Bedrängten zu Hülfe eilt, und selbst verliert, was er andern zu erhalten sucht. — Jauchzet da nicht jedes Herz den großen Männern laute Hochachtung entgegen? — Aber was müßten die Philosophen thun, die nur in den wahrscheinlich glückseligsten Folgen dieses Lebens die sittliche Güte einer Handlung finden? Kann ihnen die That gut seyn, die so leicht, oft so gewiß auf einmal alle selige Folgen für dieses Leben eben darum unmöglich macht, weil man es dabey opfert? Kann nur das gut seyn, was hier glückselig macht, und doch wieder jenes das beste, größte und edelste seyn, was dieses Leben, und alle Glückseligkeit desselben zerstört? Oder kann etwa eigne Glückseligkeit verbinden, alle eigne Glückseligkeit zu opfern?

Ich kann hier meine Ueberzeugung von dem Systeme der Philosophen, die alle sittliche

che Güte der Handlungen von ihren Folgen ableitet, nicht unterdrücken. Es scheint so wenig tauglich zu seyn, die sittliche Güte zu erklären, und zu gründen, daß es vielmehr dieselbe verwirren und verderben muß. Ich würde eben so wenig Einsicht, als Herzensgüte verrathen, wenn ich das Herz dieser Philosophen um ihres Systemes willen in Anspruch nähme; aber ich dächte auch mit eben so wenig Rechtschaffenheit zu handeln, wenn ich dem Systeme selbst bey all der Redlichkeit und guten Absicht seiner Vertheidiger nicht das zur Last legte, was es sich nach meiner vollen Ueberzeugung zu Schulden kommen läßt. Nicht jene, dieses klage ich der Verwirrung der gesunden Menschenbegriffe, und des Verderbnisses der sittlichen Güte an. Denn je genauer jemand nach seiner Vorschrift handelt, und die Absicht auf jene Güte richtet, wie sie von ihm bestimmt wird; um so mehr muß er in seinem eignen Auge von dem hohen sittlichen Werth verlieren, der wahrlich nicht

mit

mit dem selbstsüchtigen Streben nach eignen Lustgefühlen bestehen kann. Alle Schulgelehrsamkeit spannt ihren Scharfsinn vergebens an, wenn sie dem gesunden Menschenverstande mehr Hochachtung für jenen abzwingen will, der bey seiner Handlung auf das Heer angenehmer Folgen Jagd macht; als man so gerne dem Manne schenkt, der sie bey seinem Thun und Leiden keines Gedankens werth achtet. Noch mehr. Die Lehre, die alle Güte von diesen Folgen hernimmt, muß nicht nur den sittlichen Werth des Handelnden herabwürdigen, sondern, wenn sie strenge befolgt wird, eben die Handlungen, die, nach dem allgemeinen Urtheile der Philosophen und Nichtphilosophen, die besten und gemeinnützigsten sind, sogar verhindern. Man bedarf nichts weiters, als der gewissen oder wahrscheinlichen Voraussicht in unselige Folgen, um sich die Güte und Ausübung jeder größern wohlthätigen Aufopferung wegzuphilosophiren.

Für manche Leser habe ich mich vielleicht bey dem Gegenstande dieses Abschnittes schon zu lange verweilt, und doch möchte ich wieder andern zu ihrer Ueberzeugung und Befriedigung noch nicht genug gesagt haben. Für die leztern will ich noch zwo Bemerkungen beyfügen, aber sie um der erstern willen so kurz, als möglich, fassen.

Die erste ist diese: Wenn es doch einmal die angenehmen Folgen seyn sollen, welche die Güte unsrer Handlung bestimmen, so muß ja nicht nur auf ihre Menge und Dauer, sondern zugleich auf ihre Lebhaftigkeit Rücksicht genommen werden. Ein höherer Grad eines kurzen Vergnügens muß so viel als eine größere Menge und Dauer geringfügiger Freude gelten. Wenn es nun aber so oft der Fall ist, daß Grad, Menge und Dauer der Vergnügen miteinander im Streite liegen, nach welcher mathematischen Formel soll ich sie berechnen, um das maximum nicht zu verfehlen? Oder soll ich die Auflösung dem jeweiligen

ligen Ausspruche meiner Laune, meines Alters, meines bald weniger, bald mehr reizbaren Nervensystemes überlassen? Wer kann, der rathe mir. — Wiederum, wie kann man es dem Wollüstlinge beweisen, daß er die Menge und Dauer nicht für die Lebhaftigkeit seiner Lust aufopfern, den gegenwärtigen für ihn so wonnevollen Genuß nicht den kleinern noch ungewissen Freuden der Gesundheit und Zukunft vorziehen darf, und daß es nicht eben so gut oder noch besser sey, wenn er lieber eine kurze Zeit durch stark, nach seinem vollen Hange, als eine lange viel, aber in keinen einzelnen Zügen, und unter fortgesetztem beschwerlichem Kampfe, den ihn jede Mässigung kostet, genießen will?

Der gemeinen Vernunfterkenntniß muß es schwer werden, nicht selbst in diesen Freuden, die das Gute bestimmen sollen, wieder einen großen Unterschied an innerer Güte und Würde zu finden. Aber was kann der Philosoph sagen, der alle Güte und sittliche Würde eben aus diesen Freuden herleitet? Kann er auch nebst der Menge, Dauer und Lebhaftigkeit angenehmer Folgen und Gefühle noch eine eigne innere Güte in denselben annehmen, ohne sich selbst zu widersprechen, oder diese Güte wieder aus neuen Folgen, und das Gewicht dieser Folgen wieder aus ihrer Güte zu bestimmen, und sich so in einem ewigen Kreise umherzudrehen?

Die zweyte Bemerkung gründet sich auf eine Erfahrung, die den großen Tugendhaften nicht selten beynahe so wenig hoffen, und so viel fürchten läßt, als den großen Bösewicht. Die rechtschaffensten Männer mußten ja eben sowohl den Giftbecher trinken, im Feuer, am Creutze und Galgen sterben, als die Mörder und Ruchlosen. Wir leben im Lande der Mittelmäßigkeit, über die der größte Theil der Menschen nie hinauskömmt. Wer sich zu hohe darüber aufschwingt, oder zu tief darunter abwärts sinkt, beyde brechen gewaltthätig die gemeinen Schranken durch,

stören

stören die Ruhe des großen Haufens, und empören andere wider sich selbst. Unsere Thüren sind für die Mittelgrößen gebaut, die Riesengestalten stoßen überall an. Ein Schriftsteller, der sich so oft durch tiefe Blicke ins menschliche Herz auszeichnet, hatte wohl guten Grund, zu sagen, oder die Personen, die er aufführt, sagen zu lassen: „Der beste, tugendhafteste der Menschen würde gerade der Gegenstand ihrer meisten Verfolgungen seyn." In einer Gesellschaft ward für und wider die Wahrheit dieses Satzes gestritten, und einer seiner Gegner glaubte, ihn gar herrlich zu widerlegen, da er das Beyspiel Jesu anführte. Aber er hätte wohl kein schicklichers zu dessen Bestättigung beybringen können. Ich erinnere mich, von einem andern einsichtsvollen und männlichen Manne gehört zu haben, wie er die volle Möglichkeit der Creuzigung eines so weisen und tugendhaften Lehrers, als der göttliche Messias war, ganz wohl faßte. „Denn — setzte er bey — wenn er

auch

auch noch einmal unter uns erscheinen sollte, es würde ihm, so viel es auf seine Zeitgenossen ankäme, noch jezt gerade so ergehen, als es ihm ehemals ergieng. Kein kleiner Theil auch derer, die mit Geistesstärke und Gelehrsamkeit groß thun, würden in manchen seiner Behauptungen so viel schwärmerisches, unbestimmtes, und überspanntes finden, als die Sadducäer darin fanden, — und ein noch größerer so wenig von ihren willkührlichen religiösen Andachten, Auslegungen und Privatmeynungen, als die Pharisäer von ihren Erblehren und Menschengeboten hörten. Die Belege zur Gründlichkeit dieser Behauptung ließen sich leicht, aber schwerlich ohne Empörung derjenigen aufsammeln, die sich dabey betroffen fänden. Der Beobachter, der sich in der Welt umhersieht, mag es mit weniger Gefahr zu seiner Ueberzeugung für sich selbst thun. Er wird es je länger, je mehr einsehen, daß die gewöhnlichen Seelen eben so wenig den ungewöhnlich verständigen und weisen Mann neben sich dulden; als die Waldbären Gellerts tanzenden Petz. Noch
unduld-

unduldsamer müßten sie aber werden, wenn
die Lehre, die das sittlich Gute einzig auf die
vollkommneste Befriedigung unserer Neigun:
gen gründet, allgemein beliebt würde. Sie
heißt ja nach ihrem ganzen Innhalt den Men:
schen, alles am Ende einzig auf sich beziehen,
sich als den Mittelpunkt des ganzen Umkreises
um sich her ansehen. Das genießende Ich
eines jeden stellt sich als Zweck von allen, und
eben darum wieder jeden als Mittel für alle
auf. Müßten da nicht die heftigsten Stösse
und Gegenstösse die natürlichste Folge einer
Gesinnung seyn, die jeden Menschen zugleich
zum Zwecke, und zugleich zum Mittel für
alle übrige macht? Könnte sich da der große
Mann unter einem Haufen kleiner selbstsüch:
tigen Männlein jener großen Summe von
Vergnügen getrösten, die das Gute ausma:
chen soll? Soll er aber nach dem wahrschein:
lichsten Laufe und Ordnung der Dinge zum
voraus Verzicht darauf thun; wo bleibt denn
für ihn das Gute, das in den angenehmen
Folgen der Handlung besteht? Die Sokrates
fanden's im Giftbecher, die Epaminondas im

tödli:

tödlichen Pfeile, der beste der Menschen am Creuzgalgen — und unsre Philosophen in den — Lustgefühlen.

VI.

Ist das allgemein sittlich gut, was die zahlreichsten, seligsten Folgen für unsre Mitmenschen hat?

Wer die Frage mit Ja beantwortet, den kann man wieder fragen, was er unter den zahlreichsten, seligsten Folgen verstehe?

Einmal können es nicht selige Folgen der Zukunft seyn. Dazu kann ich dem Mitbruder nicht anders verhelfen, als wenn ich ihn ermuntere und stärke, das Gute zu thun, das selige Zukunft hoffen läßt. Ich selbst weiß nicht zu sagen, worauf man sich ewig belohnende Vergeltung versprechen dürfe, wenn ich nicht zum voraus gewiß bin, was sittlich gut sey. Kenntniß dieses Guten muß voraus gehen, um dazu andre zu reizen, und

ihnen,

ihnen, so viel's an mir liegt, den Besitz ewiger Seligkeiten zu verschaffen. Will man sagen: "Gut ist, was für den Mitmenschen ewig selige Folgen auf ein künftiges Leben bezweckt, und nach Möglichkeit bewirkt," so heißt dieß eben so viel, als: "Gut ist, was anderen zum Guten weckt, und durch Ausübung desselben in das Reich der Guten und Seligen einführt" — Eine Erklärung, die nichts erklärt.

Wiederum kann man unter die zahlreichsten seligsten Folgen, die eine Handlung für die Mitmenschen haben soll, nicht die Freuden des frohen Bewußtseyns rechnen. Wie kann ich ihm diese Freude gewähren, wenn ich ihn nicht abermal dahinbringe, das Gute zu wollen und zu thun, woraus sie entsteht? Und wie kann ich meine Bemühungen darauf anlegen, wenn ich nicht das Gute zum voraus kenne? Gutes thun hieße also, andre dahin bringen, daß sie Gutes thäten, um Freude davon zu haben? Und dieß wäre die philosophische Bestimmung von dem, was sittlich gut sey??

Ueber

Ueber beydes, die Freuden der Zukunft, und die Freuden des guten Bewußtseyns, ist schon (V. A und B) so ausführlich gehandelt worden, daß es eine ganz überflüssige Mühe und eine ekelhafte Wiederholung seyn müßte, hier abermal weitläufiger davon zu reden.

Um also das sittlich Gute einer Handlung aus ihren zahlreichsten, seligsten Folgen, mit denen sie Mitmenschen beglücket, zu bestimmen, muß man solche Folgen anführen, die das Gute nicht als erkannt voraussetzen, sondern kennbar machen; die nicht Wirkungen der Handlung sind, so ferne sie als gut oder böse gedacht wird, sondern lediglich Wirkungen der Handlung an sich selbst, um diese Kraft solcher als gut oder böse denken zu können. Welches sind diese seligen Folgen für unsre Mitbrüder, wenn man Tugend, und die eignen Freuden und Hofnungen derselben, die Freuden des guten Gewissens, die Hofnungen seliger Zukunft, bey der Bestimmung sittlicher Güte nicht mit in Anschlag
bringen

bringen darf? — Es sind keine andern übrig, als die Annehmlichkeiten und Lustgefühle dieses Lebens, die aus der Befriedigung fremder Neigungen und Triebe, und aus dem Besitze der hiezu vorträglichen Mittel entstehen. Was ihre (unsrer Mitmenschen) Sinne; was ihre Einbildung angenehm rührt; was ihre Hab- oder Wißbegierde, ihr Verlangen nach Ruhm und Hoheit sättigt; ihnen frohen Lebensgenuß und gesunde ungehinderte Thätigkeit schenkt; sie, auch ohne noch auf Tugend und Zukunft zu sehen, mit frohen Empfindungen anfüllt; dieß wären die Folgen, die ich durch meine Handlungen meinem Mitbruder bewirken, dieß die Glückseligkeit, die ich ihm wollen und erstreben muß, wenn mein Wollen und Streben sittliche Güte haben soll. —

Allein, haben alle diese Annehmlichkeiten für sich einen so unbedingten Werth, daß sie meinen Mitgenoßen Glückseligkeit ohne alle weitere Bedingung gewährten? Oder sind sie nicht vielmehr alle solche zweydeutige Güter,

ter, die eben so wohl zur Gründung ihres Elendes, als ihres Glückes beytragen können? — Der übelgesinnte, der unweise Thor wird volle Gesundheit und Stärke zu angerechten, tollkühnen Unternehmungen; Reichthum zu eitlem unnützem Aufwande; Freyheit und Unabhängigkeit zur zügellosen Willkühr; Verstand und Einsicht zur bösen Arglist, zur Unterdrückung und Verführung der gutmüthigen Einfalt und Unschuld missbrauchen; wird in den Genuß angenehmer Lust sein höchstes Glück setzen; sich vom Vergnügen nicht zur Arbeit stärken, sondern zu neuem Genuße reitzen lassen; wird ein kraftloser Weichling, ein siecher Wollüstling, und eine träge drückende Last der Erde und Menschen werden. Theilt dem Mitmenschen von dem Eurigen mit Aufopferung eures Vermögens, eurer Bequemlichkeit, und selbst eures Lebens mit, so viel ihr wollt! Wenn er nicht herrschende Liebe zum Guten hat, oder durch eure Beyhilfe erhält, um das Mitgetheilte gut zu verwenden; so sind eure Geschenke ein Messer in der Hand des unvorsichtigen Kindes, mit dem es sich wund schneidet oder sticht.

So ist dann dem Mitbruder mit allem dem, was ihr selige Folgen eurer Handlung nennt, wenig zu seinem Glücke gedient, wenn er nicht gut und weise genug ist, sie zu seinem Besten zu gebrauchen; oder wenn ihr ihm diese Güte und Weisheit nicht auch mittheilen könnt. Und doch sollen eben diese Folgen eure Handlungen sittlich gut machen, die schon das Unglück von Tausenden stiften halfen, und noch ferner helfen werden?

Oder wollt ihr etwa bey eurem Streben, bey eurem Pflanzen und Warten des Saamens, den ihr für eure Mitbrüder ausstreuet, nicht nur auf reiche Früchte, sondern auch auf ihren guten Gebrauch; nicht nur auf ihren süssen, sondern vorzüglich auf ihren heilsamen Genuß sehen; wollt eure Milde und Freygebigkeit über Menschen ergießen, die Fähigkeit und Willen haben, mit dem Talente zu wuchern, und nicht über träge, faule Knechte, die es vergraben, oder verschwenden; wollt nur denen geben, die würdig sind zu empfangen, und den noch Unwürdigen un-

ter

ter die Arme greifen, daß sie sich durch eure stützende Schwungkraft zu dieser Würdigkeit erheben? — Vortreflich! Es würde Grausamkeit und nicht Barmherzigkeit, tödtender Feindeshaß und nicht Bruderliebe seyn, wenn ihr das sonst so gute Oel dem Nachbar gerade zur Zeit in sein Haus brächtet, da es darinne brennt; wenn ihr dem liederlichen Armen reiche Almosen mittheilen, und der verderblichen Flamme seines leidenschaftlichen Herzens neue Nahrung zuschütten wolltet; wenn ihr Sorge und Thätigkeit für den Mitmenschen so hoch spannntet, daß er sich aller eignen Anstrengung entschlüge, und zur Weichlichkeit und Trägheit herabsänke. Weise und tugendhafte Menschenfreunde haben es von jeher für ihre Pflicht gehalten, zwar von ihrem Ueberflusse den Dürftigen zu geben, von ihren Arbeiten andre die angenehmen Früchte mitsammeln und mitgenießen zu lassen; aber erst unter den Gegenständen ihrer Wohlthätigkeit eine kluge Auswahl zu treffen, und die fünf Talente nicht an den Knecht hinzugeben, dem schon die kleine Anstrengung zur nützlichen

Bea-

Bearbeitung eines einzigen zu sauer werden
mochte. Sie hielten es bey der Verdorben‑
heit oder leichten Verderbbarkeit der Menschen
für besser, ihre Wohlthaten durch Arbeiten
verdienen, als im Müssiggange erbetteln,
und etwa zu noch größern Vergehen, als
Müssiggang und Trägheit ist, misbrauchen
zu lassen. Was aber weise und tugendhafte
Menschenfreunde als die Krone der Wohl‑
thätigkeit ansahen; ist das Bestreben, nicht
nur nach Würdigkeit zu geben, sondern
Würdigkeit selbst zu befördern. Sie mach‑
ten sich's zur Pflicht, bey allen ihren Ga‑
ben keine andre endliche Absicht zu haben,
als Güte und Tugend des Nebenmenschen,
und die Erweckung und Ausübung derselben.
Sie machten es sich zur Pflicht, den Werth
jeder Gabe an keinem andern Maaßstabe
zu messen, als an der Schicklichkeit, die
sie zur sittlichen Verbesserung und Vervoll‑
kommnung des Nächsten in jedem vorkom‑
menden Falle hat. Vortreflich also, wenn
ihr es euch zur Pflicht macht, nach diesen

Vor‑

Vorschriften die Wohlfart eurer Mitbrüder zu besorgen.

So gut und rechtschaffen aber auch immer eure Werke sind, wenn sie nach diesen Vorschriften geordnet werden; so wenig taugen die Vorschriften selbst, wenn ihr die sittliche Güte eurer Werke daraus deutlich bestimmen und erklären wollt. Denn alles, was sie sagen, kömmt am Ende immer wieder auf das hinaus, was sie erklären wollen. Sie nehmen die unerklärte sittliche Güte als erklärt und bekannt an, um auszuzeigen, was sittlich gut sey. Nach ihnen ist sittlich gut, was die besten, seligsten Folgen für die Menschheit hat; und die besten, seligsten Folgen sind jene, die zur Liebe und Ausübung des sittlich Guten, zum sittlich guten Gebrauche alles Angenehmen ermuntern. Gut ist, was selige Folgen für andere hat; und selige Folgen hat das, was andre sittlich gut und immer besser und vollkommner macht. Wer eine solche Erklärung Beleuchtung nennen kann, der

mag

mag auch glauben, daß sich Dunkelheit durch Nebel, und Nacht durch Finsternisse aufklären läßt.

Wer das, was eben gesagt worden, mit einer der Ueberlegung günstigen Gemüths=stille gelesen hat; dem konnte sich, wie ich glaube, sehr natürlich der Gedanke darbie=ten: „Ich finde einerseits an der Seele, die ihre Freude daran hat, Freude zu ma=chen, und Seligkeit unter Mitmenschen selbst mit großen Aufopferungen zu stiften, etwas über die selbstsüchtigen Absichten auf Be=friedigung eigner Neigungen und Triebe so erhabnes, etwas so großes und werthes, daß ich geneigt werde, nur das sittlich gut zu nennen, was die Glückseligkeit meiner Brüder befördert, und selige Folgen für sie hat. Andererseits bemerke ich aber, daß ich unter die seligen Folgen, von denen ich das sittlich Gute ableiten will, selbst wieder die Liebe zu eben diesem sittlich Guten rech=nen muß; daß ich ihnen mit allen übrigen Gütern, die ich nur immer mittheilen mag,

G 2 wenig

wenig und unbedeutende Seligkeit verschaffe; ihnen keine Freuden des seligen guten Bewußtseyns, keine Freuden der Hofnung und tröstlichen Aussicht in die Zukunft gewähren, oft wohl gar Unheil und Elend verursachen mag. Ich kann keine Folgen meiner Handlungen, so gut und selig ich sie auch denke und ausmale, je aufbringen, die das sittlich Gute erklärten, wenn ich nicht die herrschende Liebe zu diesem Guten und ihre Wirkungen mit in diese Folgen aufnehme; aber auch eben dadurch das Gute, das ich bestimmen will, als bekannt und bestimmt voraussetze. Sollte mir also nicht eine Idee von dem sittlich Guten beywohnen, die innigst mit meinem Ich verwandt und verwebt seyn muß, weil ich alle Augenblicks wieder darauf stoße? Sollte sie nicht eine Art Güte von ganz eigner und höherer Natur eben darum darstellen, weil sie der Zweck aller andern mitgetheilten Gaben seyn muß, wenn diese einigen Werth haben, und meinen Nebenmenschen zu jener Seligkeit und Würde führen sollen, die nach dem allgemeinen Menschenverstande diesen

Namen

Namen verdient?" — Es ist hier noch nicht der rechte Ort, diesen Gedanken weiter auszuführen. — Jezt will ich noch weiter einiges denen zu bedenken geben, die zur Aufschrift und Hauptfrage dieses Abschnittes ja sagen.

Man lasse es indessen auf einige Zeit dahingestellt seyn, ob alle die angenehmen Folgen für unsre Mitmenschen, die wir bey unsren Handlungen zur Absicht nehmen, einen ächten Werth für sich allein haben oder nicht — auch dann haben, oder nicht haben, wenn wir dabey die sittliche Güte so wenig als bekannt voraussetzen, so wenig damit vermengen, als wir es dürfen, oder ohne höchste Unphilosophie können. Gleichwohl dringt sich auf die Behauptung — "Gut ist, was große ausgebreitete Seligkeit dieses Lebens unter meinen Mitmenschen stiftet" — sogleich wieder die ganz natürliche Frage auf: "Warum ist es denn gut, die Seligkeit anderer zu bezielen, und darauf los zu streben?"

Wenn eine Handlung angenehme Folgen für mich verheißt, so faſſe ich wohl, wie ich mich berechtigt halten kann, das für gut anzugeben, was meine Triebe und Neigungen befriedigt. Aber warum ſoll es denn für mich gut ſeyn, die Triebe und Neigungen andrer zu befriedigen, ihnen die Laſten zu mildern, die ſie quälen, und den Becher der Luſt zu reichen, nach dem ſie durſten? Iſt's etwa darum, weil ihre erhöhte Seligkeit dieſes Lebens auf die Erhöhung unſrer eignen zurückwirkt? — So kann dieſe Auflöſung nicht überall, und nie auf den Fall ihre Anwendung finden, da ich zum Beſten meiner Angehörigen und Mitgenoſſen mein Leben, und mit ihm allen möglich frohen Genuß, alle Glückſeligkeit deſſelben opfern ſoll. Und dann ließe ſich auch dieſe Antwort auf alle Fälle mit einiger Genugthuung anwenden, ſo würde ja das ſittlich Gute abermal aus den angenehmen Folgen für mich hergeleitet — eine Herleitung, gegen welche die Gründe des ganzen vorhergehenden Abſchnittes (V.) ſtreiten.

Will

Will man aber, wie es gewöhnlich ist, den Grund dieser Güte in der Befriedigung unsrer Sympathie, des natürlichen Triebes finden, der uns zur Theilnahme an den Leiden und Freuden unsrer Mitmenschen, zur Hebung jener, und zur Herbeyschaffung dieser auffodert, so kann ich doch wohl Beweise verlangen, warum ich vielmehr zur Befriedigung dieser Sympathie manchmal mein Leben opfern, als zur unmittelbaren Befriedigung meiner Selbstliebe angenehm genießen soll. Will man einmal (ich bitte dieses **Will** und **Wenn** zu bemerken) das gut nennen, was den Foderungen eines unsrer Triebe Genüge leistet; warum sollte auf den Fall, daß die Foderungen der Selbstliebe und Sympathie gegeneinander im Streite liegen, nicht vielmehr die erste, dieser so stark und lebhaft wirkende Trieb, befriedigt werden, als die lezte, deren Stimme oft so leise tönt, und sich so leicht überschreien läßt? Warum sollten mir fremde Triebe und ihre Zufriedenstellung mehr gelten, als meine eignen? Warum fremdes Glück mehr, als mein eignes? Was bringt, und was kann mich bringen, jenes für begehrenswerther, als dieses, anzusehen, so lange die Moralität auf irgend eine Sättigung eines oder mehrerer Triebe gebaut wird?

Doch es bedarf hier keiner weiteren Fragen, so leicht sie sich auch häufen ließen. Es ist ja ohnedieß offenbar, daß eine gute Handlung gerade um so besser und schätzbarer wird, je weniger natürliche Sympathie dazu einladet, je mehr Antipathie dagegen streitet. Man denke sich die Liebe gegen seinen Todsfeind, und die Liebe gegen den Wohlthäter und Retter seines Lebens, und sage, in welcher von beyden sich die unverkennbare Güte und Stärke der Seele mehr zeige.

Weder Selbstliebe, noch Sympathie, kann es also seyn, was mich die Beförderung fremder Glückseligkeit gut zu nennen dringt. Indeß redet doch in mir und in allen nicht ganz durch rohe Wildheit betäubten Menschen eine laute Stimme, daß es in manchen Fällen groß und edel, daß es Pflicht sey, für die Wohlfart anderer auch sein Leben zu opfern.

Nicht

Nicht die für die Menschheit angenehmen Folgen geben den endlichen ganz befriedigenden Ausspruch, was sittlich gut sey; sondern diese Stimme der Vernunft sagt es mir, daß es gut sey, selige Folgen zu bewirken, und Wohlseyn zu verbreiten, auch mit Verlust und Aufopferung seiner Kräfte und selbst seines Lebens gegen alle noch so lebhafte Einreden der Selbstliebe und Antipathie zu verbreiten.

Eben diese Stimme redet auch noch allgemeiner und zuversichtlicher, als die Folgen unserer Handlungen, die sich auf Nebenmenschen beziehen. Nach ihrem Ausspruche ist nicht nur das sittlich gut, was wohlthätig auf unsre Mitbrüder wirkt; ist manches gut, was nach der Strecke unsers Gesichtkreises keine Seligkeit, oder wohl gar großes ausgebreitetes Unheil stiftet; ist manches nicht gut, was nach der Strecke unsers Gesichtkreises ausgebreitete Wohlfart befördert.

Dankbare Gesinnung gegen Gott, Erkenntniß und inniges Gefühl seiner Abhängigkeit

keit von ihm, hochachtendes, anbetendes Wohlgefallen an seinen Vollkommenheiten, frohe Bemerkung seiner Spur an jeder Sonne und jedem Sonnenstäubchen, öftere frohe Aufschwingung seiner Seele zu ihm, sind gewiß sittlich gut, auch ohne auf eine einzige Folge zu denken, die man dadurch für Nebenmenschen bewirken will; waren auch für einen Adam gut, da er noch von keinem menschlichen Mitgeschöpfe wußte, und würden für ihn gut gewesen seyn, wenn er auch Jahre und Jahrhunderte ohne ein solches gelebt hätte. Die Liebe des Kindes zu seinem großen und guten Vater hat seinen Werth für sich auch dann, wenn es weder Bruder noch Schwester hat, oder dabey ohne alle wohlthätige Absicht auf Geschwister, die es hat, verfährt; dießmal nur an den Vater denkt, jezt nur ihn mit Liebe und Dank ehret.

Es sollte schwer halten, diese Pflichten gegen Gott, den Menschenvater, einzig aus dem Guten herzuholen, das man auf jene Schicklichkeit baut, die unsre Handlungen

zur

zur Gründung der Seligkeit unserer Mitbrüder haben. Viel leichter ließ sich das Wohlwollen gegen Menschen aus dem Wohlgefallen und der Freude herleiten, mit der man sich gedrungen fühlt, die Güte und das Wohlwollen des Allgütigen zu ehren.

Allein, nicht nur zeigt sich manches gut und pflichtmäſſig, wobey uns gar kein Gedanke von Nächstenwohlfart zu Sinne kömmt; sondern selbst in Handlungen, die einen ganz offenbaren Bezug darauf haben, erscheint uns oft das, was nach unserer Einsicht die größte Wohlfart wirken könnte, böse; und das, was sie nach unsrer Einsicht nur gar zu sehr hindert, gut.

Es ist doch kein im widersinnigen Traume aufgefundener, sondern ein ganz möglich, und nicht selten wirklicher Fall, daß sich ein rechtschaffner Mann von der Stimme seiner Rechtschaffenheit aufgefodert fühlet, von einem Posten abzutreten, der ihm Anlaß und Macht zum ausgebreiteten Wohlthun darbot,
und

und sich in einen einsamen, dürftigen, machts und prachtlosen Privatwinkel zurück zu ziehen. Man denke nur einen Vertrauten eines mächtigen Fürsten, der, sich zur Beförderung der ehebrecherischen Lüste seines Herrn zu verwenden, keine Lust hat; oder, wenn unser galantes Zeitalter daran zu viel ungalantes finden möchte — der von Ermordung oder Unterdrückung der Unschuld auch dann noch zurückbebt, wenn gleich die Leidenschaft eines Fürsten diesen Dienst von seinem rechtschaffnen Vertrauten fodert. Er sehe nun auf einer Seite alle die Seligkeit, die er auf das ganze Land verbreiten kann, wenn er sich durch pflichtwidrige Willfährigkeit in der Zuneigung seines Herrn und in seinem Posten befestigt; von der andern aber, wenn er sich dem fürstlichen Winke zu gehorchen weigert, seine höchst wahrscheinliche, gewisse Verabscheidung, die gewisse Erhebung eines elenden Schmeichlers, der ohne Bedenken die Unschuld morden, und ohne Kopf und Herz schreckliches Weh über ganze Provinzen bringen wird. Was soll er thun? Thut er Böses,

ses, so hindert er unzählich viel Böses, und behält die Macht, unzählich viel Gutes zu stiften. Handelt er gut, so hindert er Gutes, und räumt dem Nichtswerthen, dem Satan, Platz und Macht ein, zu würgen und zu verderben. So weit seine wahrscheinlichsten Aussichten reichen, sieht er seine rechtschaffne Handlung mit den unseligsten, und seine pflichtwidrige mit den seligsten Folgen für die Menschheit begleitet. Ist hier ausgebreitete Glückseligkeit des Nebenmenschen auch Merkmaal des sittlich Guten? Ausgebreitetes Elend des Nebenmenschen auch Merkmaal des sittlich Bösen?

Ich sage: So weit seine Aussichten reichen. Denn freylich reichen sie eben nie allzuweit, freylich möchte sich hinter dem Gränzsteine, der ihre Schranken bezeichnet, noch ein Land voll Seligkeiten finden, die alle Früchte und Folgen seiner vielleicht wenig bemerkten, oder gar zum Nachtheile seiner Ehre ausgelegten, Zurückziehung wären. Allein darf er auf Folgen hin seinen Entschluß
fassen,

fassen, die ihm nicht nur dunkel und ungewiß, sondern ganz Nacht und unkennbar sind? Könnte er's sich aber auch selbst verzeihen, so blindlings zuzufahren, so möchte er wieder in hundert andern Fällen eben sowohl gerade umgekehrt, und offenbar böse handeln. Wie manchmal zeigen sich nach einer Reihe von Jahren, Jahrzehenten, Jahrhunderten — die seligsten Folgen, die ihren Grund in einer Handlung hatten, in der jedermann zur Zeit, da sie geschah, unverhüllbare Bosheit, und mit seinem Fernglase nichts als eine Quelle von Unseligkeiten entdeckte?

Die Geschichte erzählt eine Menge solcher Fälle, wo eigne Fehler zur kostbaren Selbsterkenntniß und sonst wahrscheinlich nie erfolgenden genauen Wachsamkeit, Ausplünderung zur ächten Schätzung und gerechten Herabwürdigung der verlornen Güter, ungerechte Verläumdung zur Erhabenheit über Menschenadel und Menschenlob führte — wo unerträglicher Druck des Despotismus die Loosung zur Freyheit, wilde Eroberungen, Kriege und
Vermi-

Vermischungen der Nationen die glückliche Vorbereitung zur gegenseitigen Aufklärung, zur Milderung der rohen und Verbannung der weichlichen Sitten waren.

Ueberhaupt bleibt es eine überlegungswerthe Frage, ob nicht der ungerechte Druck und verbreitetes Elend eben so viel oder noch mehr wahres Glück unter die Menschen gebracht habe, als Frohheit und Bequemlichkeit, Reichthum und Vergnügen, die ihnen die Menschenfreunde verschafften. Sind die größten und erhaben = seligsten Männer dieß nicht mehr, oder doch eben so gut durch die feindlichsten Verfolgungen ihrer Personen und ihres Wohlstandes, als durch die zärtlichste Sorgfalt ihrer Wohlthäter und Verehrer geworden? — Seligkeit des Nebenmenschen, wenn du einzig jene Folge bist, die unsre Handlungen sittlich gut nennet, welche Handlung ist dann gut, und welche böse kann durch dich nicht gerechtfertigt werden? Wie oft kann man nicht sagen: felix culpa?

Wer

Wer derley Gedanken weiter in ihrem Zusammenhange verfolgen will, den kann es dünken, er finde sich hier in einem dunkeln, tausendfach in einander verschlungenen Irrgarten, wo jeder Versuch zur Auffindung eines Ausweges uns auf neue unbekannte Stellen hinheftet. Woher diese Verwirrung und unauflösliche Verwicklung? — Eben von jener Begränztheit der Einsichten, die es unmöglich macht, jemals zur Kenntniß des Guten zu gelangen, wenn die Merkmaale davon einzig in den Folgen liegen, die eine Handlung zur Beseligung unserer Nebenbrüder mit sich führt. Wenn gut ist, was große ausgebreitete Seligkeit stiftet; so sehe ich bey einigem Nachdenken sogleich, daß ich daraus selten oder nie wissen kann, was in den einzelnen Fällen eigentlich gut heissen soll; und daß eine allgemeine Regel eben darum, weil sie zur leichten Anwendung und zum Zwecke, wozu ich sie aufsuchte, ganz unbrauchbar ist, eine verwerfliche Regel sey. Was sollte mir eine Antwort, die meine Frage so auflöset, daß sie mich zugleich die Absicht

sicht meiner Frage nie erreichen läßt? Was soll mir auf die Frage — "Was ist sittlich gut" — die Antwort: "Was die größte Glückseligkeit über deine Mitmenschen verbreitet" — wenn ich selten oder nie mit Gewißheit einsehe, ob meine Handlung andre glückselig machen werde?

Oder weis ich's, kann ich's wissen, ob ich dem, der mit Todesgefahren ringet, sein Leben zu mehr künftigen Freuden, als Leiden rette? Ob ich einen unmächtigen Knaben nicht dazu mitten durch die Flamme trage, daß er einmal seinem Nachbar das Haus über den Kopf anzünde, und eine Geisel seiner Mitmenschen werde? Ob die Gesundheit, zu deren Pflege ich Rath und Regel ertheile, nicht den Körper allein stark und den Geist um so schwächer mache? Ob der Unterricht, einem Lehrlinge ertheilt, und die Entwicklung seiner Vernunft ihn zum vernünftig bescheidnen und klugen Manne bilden, oder zum gefährlichen Grübler und Zweifler, zum stolzen selbstsüchtigen Thoren, zum feinen arglistigen Betrüger

ger verunstalten helfe? Ob eine gute Stelle und bequemes Auskommen, wozu ihn meine Anleitung und Unterstützung befördert, ihn fleißig oder träge, freygebig oder verschwendend, dankbar und mitleidig, oder aufgeblasen und hartherzig formen werde? Ob er durch mich auf die Anhöhe hinanglimme, um von derselben aus sein Auge desto weiter auf die Hilflosen umher zu verbreiten, seinen Arm desto weiter und kräftiger gegen sie auszustrecken, oder sich und andre um so gewaltsamer und tiefer in den Abgrund zu stürzen? — Kurz, wie kann ich wissen, ob nicht eben das, was ich zu seiner Wohlfart unternehme, seine schlummernden Leidenschaften und Begierden wecken, ihn mit den Leidenschaften anderer in sündliche Uebereinstimmung oder in feindselig-schädlichen Streit und Widerspruch bringen und in Vorfälle und Gefahren verwickeln werde, denen er unterliegt, oder kümmerlich und halb nakt entkommen mag?

Man denke sich was immer für Arten von
Wohl-

Wohlseyn und Vergnügen, von Glück und Seligkeit dieses Lebens, die unsre Mitbrüder zu empfangen fähig und wir zu geben mächtig und liebreich genug sind; und nenne dann nur eine derselben, von der man mit Zuversicht sagen kann: "Sie stiftet in allen ihren Folgen wahres Glück; mehr Glück als Elend." Nur wenn Liebe zum Guten in sein Herz gesäet, darinn gepflegt und zum Wachsthume erzogen wird, — nur dieß allein giebt ihm zwar nicht immer die lebhaftesten Lustgefühle, nicht die froheste und freudigste Seligkeit — oft manchen bittern blutigen, manchen Todeskampf — aber immer die erhabenste Würde, die zuversichtlichste Hoffnung und Würdigkeit, sie einmal zu erhalten. Allein, worauf beruht, worinn besteht das sittlich Gute, dessen herrschende Liebe das Beste von allem ist, was wir durch unsre Handlungen bey unserm Mitbruder bezwecken und befördern können? Das ist die Frage, auf die wir noch immer eine Antwort suchen; und wer sie dahin ertheilt, "dieß Gute sey all jenes, was Liebe zum Guten bey Mitmenschen beziest und wirkt" — der mag es thun, wenn er die Frage durch das, worüber man fragt, beantworten will — will und nicht kann.

Es ist allerdings eine herrliche, und jedem Menschenfreunde, jedem Verehrer der Menschenwürde erfreuliche Sache um jede warme Aufmunterung zur Nächstenliebe. Wir werden noch einmal Anlaß nehmen, darüber unsre Betrachtung anzustellen. Allein das sittlich Gute einzig aus den angenehmen Folgen, die eine Handlung für unsre Mitbrüder hat, erklären wollen, das scheint mir aus den vorgelegten Gründen eine vergebliche Bemühung — eine Bemühung, die, bey aller Anstrengung, Licht zu verbreiten, dennoch immer im Dunkeln irren und bey einer Reihe von strenge fortgesezten Folgerungen auch wohl auf Abwege gerathen läßt, die am Ende von der wahren Kenntnißquelle alles Guten weiter abführen könnten, als man insgemein zu denken wagt.

Zwar

Zwar hat sich ein bekannter Schriftsteller noch nicht lange in seinem Versuche über Beredsamkeit für diesen Kenntnißgrund des sittlich Guten in einem solchen entschiednen Tone erklärt, als man sich nur für die sonnehellen, unwidersprechlichen Wahrheiten zu erklären pflegt. Hier sind seine Worte: „Was, allgemein erlaubt oder gethan, die Welt zerrütten würde — wenn es auch im Einzelnen seine Ausnahme hätte — muß absolutes Gottes Verbot seyn und vice versa. Denn unsre Kurzsichtigkeit, Fehlbarkeit, Partheilichkeit, Verwöhnung, schnelle Handlungsweise würde mit dem Umstoßen dieses Satzes alle moralische Sicherheit aufheben. Sobald sich die Menschen an dieses Gesetz nicht halten, so haben sie gar keines. Denn es ist nichts, wovon man die Folgen nicht in einzelnen Fällen, wenigst sich, wegräsoniren könnte — praktischer Atheismus — Ein solcher macht's Gott unmöglich, ihn zu belehren."

Ich will eben nicht so unsinnig seyn, die

Wahrheit, die in diesem Satze liegt, umstoßen zu wollen; doch bin ich dabey auch nicht so glücklich, seine Brauchbarkeit in der Anwendung einzusehen. Ich werde nie für erlaubt halten, was, allgemein erlaubt oder gethan, die Welt zerrütten würde. Aber fragen muß ich, wie ich armer, kurzsichtiger Mensch die Welt in ihrem verschlungenen Zusammenhange überschauen möge, um daraus wenigst mit einiger Zuversicht zu schließen, was dieselbe in ihrem richtigen Gange erhalten, oder aus dem Geleise heben werde? Fragen darf ich, ob denn nicht die Hauptzerrüttung gerade darinn bestehe, daß ich bey meinem Nächsten die Liebe zum Guten schwäche, und jene zum Bösen wecke oder stärke; ob außer dieser Liebe zum Guten alles übrige noch so Angenehme und Nützliche, das ich meinem Bruder mittheile, nicht sein wahres Elend herbeyführen; ob außer dem Hange zum Bösen alles übrige ihm noch so lästige und Schmerzhafte nicht sein wahres Glück stiften könne und nicht selten werde? Fragen will ich dann weiter, ob das die sittliche Güte

und

und Bosheit erklären und kennbar machen heiſſe, wenn man gut nennt, was die Welt durch verbreitete Liebe zum Guten vervollkommnet; und böſe, was ſie durch verbreiteten Hang zum Böſen zerrüttet? — Fragen will und darf ich, ob dann nicht manche erzböſe Handlung, ſo weit unſer kurzſichtiges Menſchenauge reicht, die ſeligſten, und manche gute die unſeligſten Folgen für die Welt nach ſich ziehe? — Fragen will und darf ich, was mich denn zwinge, dasjenige ſittlich gut für mich zu nennen, was gute Folgen für andere hat, und warum ich, um die Zerrüttung der Welt zu hindern, oder ihren ordentlichen Gang zu befördern, unter gewiſſen Umſtänden die Pflicht haben ſolle, mich ſelbſt zerrütten und tödten zu laſſen, da es für dieſes gegenwärtige Leben gewiß eben ſo wichtig iſt, daß ich nicht aufhöre, für die Welt, als daß die Welt nicht aufhöre, für mich zu ſeyn. — Allerdings findet man ſich gedrungen, eine ſolche Aufopferung ſeiner ſelbſt zur Beförderung allgemeiner Wohlfart gut und groß zu nennen. Allein, wenn man

nur

nur auf die Folgen sieht, und einzig von diesen alle Güte und Größe herleiten will, so könnte man eben so leicht durch die Betrachtung der widrigen Folgen für sein Selbst in Versuchung kommen, sie für thörichten Unsinn anzusehen. Wenigst dringt sich die bedenkliche Frage auf: "Warum soll das für mich gut und groß seyn, was alle meine gegenwärtige Güte und Größe, mein Leben und Seyn für diese Welt zertrümmert, die ich mit meinem Tode halten und stützen will?"

Doch genug. Eine weitere Widerlegung müßte nur das Geschriebne noch einmal wiederholen, das doch jeder zu seiner Befriedigung, wenn er's nöthig findet, auch ohne dieß selbst wieder lesen kann.

VII.
Ist sittliche Güte aus den Vollkommenheiten und dem Willen Gottes erkennbar?

Ließe sich die sittliche Güte unsrer Handlungen auf ihre Folgen gründen, so würde
man

man von ihr jene Kenntniß haben, die allemal so befriedigend ist, wenn man sagen kann: "Ich habe es selbst gesehen." Man würde sie in ihren innern Merkmaalen gleichsam mit seinem Auge schauen, und mit seinen Sinnen empfinden. Da uns aber dieß, wie wir gesehen, nicht recht glücken will; so verfällt man sehr natürlich auf den Gedanken, über das, was man selbst nicht sehen kann, bey andern Nachfrage zu halten. Zwar ist mit der Kenntniß, die man auf die Einsicht und Aussage anderer bauet, allemal einige Dunkelheit verbunden. Man sieht, zum Beyspiel im gegenwärtigen Falle, nicht die Güte der Handlungen in ihren eignen Merkmaalen, sondern einzig in den Gründen an, aus denen man von der Richtigkeit fremder Einsichten, von der Wahrhaftigkeit ihrer Aussagen und von der Vernunftmäßigkeit seines Beyfalles überzeugt ist. Man möchte etwa Gewißheit erhalten, daß sittlich Gutes in dieser oder jener Handlung liege, aber man sieht nicht ein, worinn sie bestehe. Indessen kann und muß es uns oft an solcher

H 5 gewiß-

gewissen, obgleich mitunter dunkeln, Kenntniß, an der Zuverläßigkeit fremder Kenntniß und Zeugnisse genügen, wo uns eigne unmittelbare Anschauung und Erfahrung versagt ist.

Aber an wen sollen wir uns in unserer Verlegenheit über das, was sittlich gut sey, wenden? Auf wessen Wort können wir das, was wir nicht selbst einsehen, glauben? Menschenwort kann uns hier nicht beruhigen, weil alle Zuverläßigkeit desselben, so weit es bloßes Menschenwort ist, sich vorzüglich auf Menschenerfahrung stützet. Erfahrung aber, was gut oder böse sey, läßt sich nicht gedenken, wenn Güte oder Bosheit nicht auf den Folgen beruht, mit denen die Handlungen auf uns oder andre wirken. Oder läßt sich etwa bey lügenhaften verläumderischen Tadel die Bosheit der Worte eben sowol als die Worte hören? Bey einer zum Wohlthun offenen Hand die Güte so gut, als die gebende Hand sehen?

Man

Man wandte sich also an Gott, um auf sein untrügliches Ansehen hin, das als gut zu glauben, was man aus einem andern Grunde nicht zuversichtlich gut zu nennen wagte. „Gut ist, was Gott will, und hiedurch als gut erklärt."

Ist nun aber das sittlich Gute aus dem Willen Gottes erkennbar? Wäre dieß, so müßte ich zuerst wissen: „Das will Gott" — um dann daraus zu schliessen: „Das ist gut." Woher soll ich aber zum voraus Gottes Willen erfahren können? Als Philosoph, und ohne noch auf göttliche Offenbarung zu bauen, sehe ich keine Möglichkeit dazu ein. Vielmehr gehe ich gerade umgekehrt zu Werk. Statt zu sagen: „Das will Gott, also ist es gut" — finde ich mich gedrungen, so zu schliessen: „Das ist gut, also will es Gott." Ich finde die ungerechte Bedrückung meines Mitbruders höchst abscheuwürdig: und schliesse daraus ohne Anstand, daß sie Gott,

die

die höchste Weisheit und Güte, auch nothwendig verabscheuen müsse. — Ich finde die Aufopferung eigner Ruhe und Bequemlichkeit zum Dienste eines leidenden Armen edel und achtungswerth; und nun soll es niemand wagen, mich zu überreden, daß sie Gott nicht gleichfalls mit seinem Beyfalle als gut und edel erkläre. Ohne die Güte einer Handlung zum voraus zu erkennen, weis ich noch gar nicht zu sagen, ob sie Gott wolle, oder nicht wolle. Wie könnte also das sittlich Gute aus dem Willen Gottes erkennbar seyn, da die Kenntniß des göttlichen Willens ohne vorläufige Kenntniß des sittlich Guten nicht möglich ist?

Den Theologen und Schriftgelehrten möchte hier wohl die Versuchung anwandeln, sein Triumphlied über die Schwachheit und Unzulänglichkeit philosophischer Vernunfteinsichten anzustimmen. Es scheint ihm, daß er jedem, der sich auf dem Versuche, das sittlich Gute aus dem Willen Gottes zu erklären, betreten läßt, die ganze Schwäche de:

sonst so ruhmredig gepriesenen Philosophie und die volle Nothwendigkeit, sich hinter die Offenbarung zurückzuziehen, möge fühlen lassen. Der Philosoph hat kein Mittel, Gottes Willen anders, als aus der erkannten sittlichen Güte, einzusehen; aber er, der Schriftgelehrte, hat eines, nämlich die Offenbarung, die ihm Gottes Willen vorlegt und erklärt.

Der wahre Weltweise schämt sich nicht, da, wo sein eignes Licht zu schwach ist, die dunkeln Wolken zu theilen, ein helleres aus den Händen des Theologen, eigentlich, aus den Händen der sich offenbarenden Gottheit mit Dank und Ehrfurcht anzunehmen. Doch darf er auch zur Ehre eben dieser Gottheit ihr großes Geschenk, seine Vernunft, dazu gebrauchen, um die hohen Ansprüche des Gottesgelehrten, und ihre Gründlichkeit und Gültigkeit zu untersuchen. Er darf und soll erst nachforschen, ob sie ihm das leisten können, was sie verheissen, und woran es ihm so sehr mangelt. Seine Betrachtung darüber mag etwa folgende seyn.

Wenn

Wenn man auch die göttliche Offenbarung zu Hilfe nimmt, um zu wissen, was Gott will, und dann daraus zu schliessen, was gut sey; so kann ja doch eben diese göttliche Offenbarung nur auf gewisse göttliche allgemeine Gesetze, nicht aber für alle die tausend und tausend individuelle Vorfälle auf den göttlichen Willen hinweisen. Hier muß erst der Handelnde über die sittliche Güte der vorliegenden Handlung den Ausspruch seiner Vernunft hören, um nach diesem über Gottes Verbot oder Gebot dabey zu urtheilen. Noch immer pflegt selbst der Christ nach dieser Weise zu verfahren. Er findet lügenhafte Versprechen, unreblichen Handel und Wandel, Unfleis in seinen Geschäften, Ausschweifung in seinen Vergnügen, hitzige Aufwallung des verderblichen Zornes, träge Gleichgültigkeit bey Bedrückung seiner Brüder, schon nach der Aussage seiner Vernunft als unerlaubt und böse, und folgert daraus, daß sie auch Gottes heiliger Wille als unerlaubt und böse verbiete. Selbst die allgemeinen Hauptgebote der Liebe Gottes

und

und des Nebenmenschen hält er für göttliche Gebote, nicht nur, weil sie ihm Gott durch das Evangelium, sondern auch, weil er sie ihm durch seine Vernunft verkündigt; weil sie in seiner vernünftigen Natur eben sowol, als bey den Schriften der Evangelisten, aufgezeichnet stehen. Wie könnte man es sonst wagen, was doch immer in den Beweisschriften für die Offenbarung und das Christenthum geschieht, sich auf die Vernunftmäßigkeit und Heiligkeit der christlichen Lehre zu berufen; wenn man erst alle Kenntniß der Sittlich- und Heiligkeit aus der Offenbarung und dem erklärten Willen Gottes erholen müßte? Auch der Mensch also, der an Gottes Offenbarung glaubt, spricht und muß in manchen Fällen über die sittliche Güte der Handlungen absprechen, bevor ihm noch der Wille Gottes darüber bekannt ist. Auch ihm kann also sittliche Güte nicht einzig aus dem Willen Gottes erkennbar seyn.

Ja, wenn man hier unserm Ideengange etwas

etwas tiefer nachspürt, so zeigt sich, daß selbst der Glaube an die Offenbarung des göttlichen Willens sich ganz vorzüglich auf die vorläufige zuversichtliche Kenntniß von dem, was sittlich gut oder böse sey, gründe. Warum hält man das für ungezweifelt gut oder böse, was Gott durch seinen geoffenbarten Willen dafür erklärt? Gewiß, weil man Gott jene Wahrhaftigkeit und Güte gegen seine Menschen zueignet, Kraft deren ihm jeder lieblose Betrug unmöglich und für uns jeder zweifelnde Gedanke darüber eine Gotteslästerung ist. Aus welchem Grunde eignen wir aber Gott nothwendig eine solche Wahrhaftigkeit und Güte gegen seine Menschen zu? Wer kann einen andern, als diesen angeben? — „Wahrhaftigkeit und überhaupt, Güte gegen andre, erkennen wir vor aller Offenbarung des göttlichen Willens für sittlich gut und vollkommen; darum schreiben wir sie dem höchsten Wesen im höchsten Grade, ohne alle einschränkende Gränzen, auf eine Art und Weise zu, die allein fähig ist, uns bey jeder erkannter Offenbarung Gottes vollkommen zu beruhigen."

Selbst

Selbst die Möglichkeit, Gott, da er seinen Willen offenbaret, mit voller Zuversicht zu glauben, setzt also schon zuversichtliche Kenntniß des sittlich Guten, das sich an der Wahrhaftigkeit und Güte gegen andre findet, zum voraus. Da diese Kenntniß des sittlich Guten dem Glauben an die Offenbarung des göttlichen Willens vorangehen muß, so kann sie unmöglich einzig aus der Offenbarung dieses Willens hergeholt werden.

Ueberhaupt gründet sich unsre beste Idee, unser würdigste Begriff von Gott auf die beste Idee, auf den hellsten Begriff, den wir von sittlicher Güte haben. Die unsittlichsten Völker können ihren Göttern Gesinnungen und Handlungen beylegen, deren sich sittlichere Menschen ewig schämen werden. Rohe, unempfindliche Leute, Lehrer und Lehrlinge, finden wenig ungereimtes darin, wenn sie ihre Mitmenschen von Gott um ein Geringes, oder gar nur aus dem Grunde, weil er Herr ist und es ihm so beliebt, in die Hölle mit einer Grausamkeit schleudern lassen, die sie Gerechtigkeit

tigkeit nennen. Je wie sich das Gefühl für alles Gute verfeinert, so reinigen sich auch unsre Begriffe von Gott dem höchsten Wesen. Wir vermögen Gott keine andre moralische Vollkommenheit beyzulegen, als jene, die wir an uns und an' Mitmenschen um uns wahrnehmen. Wie könnten wir uns im Allerhöchsten eine allweise, ewige, allumfassende Liebe gegen alle vernünftige Geschöpfe, Menschen und Geister, denken, die seiner wohlthätigen Liebe empfänglich sind; wenn wir nicht eine weise, wohlwollende Liebe unter Mitmenschen wirklich und möglich und als zuversichtlich gut dächten? Alles Gute und Vollkommne, das wir in Geschöpfen wahrnehmen, häufen wir in dem Schöpfer zusammen; alles Böse und Unvollkommne, alle Gränzen und Einschränkungen entfernen wir — und so steht die höchste unermeßliche Vollkommenheit nicht bloß in einem abgezognen Begriffe, sondern in Gott, wie in eigner Person, vor unsrer Seele. Wir haben am Ende keinen andern Grund, in Ihm irgend eine sittliche Vollkommenheit mit Ueberzeugung und Zuversicht zu denken,

denken, als weil wir dieselbe in uns und unsren vernünftigen Mitgeschöpfen hienieden als sittlich gute Eigenschaft mit Zuversicht und innigster Ueberzeugung anschauen.

Kenntniß des sittlich Guten muß also vor der Kenntniß, vor dem Begriffe der höchsten sittlichen Vollkommenheit Gottes vorhergehen, und der Begriff von dieser aus dem Begriffe von jener abgeleitet werden. Darum bleibt es auch wohl eine vergebliche Mühe, das sittlich Gute aus der Uebereinstimmung unserer Handlungen mit den göttlichen Vollkommenheiten herleiten und kennbar machen wollen — das kennbar machen wollen, was schon erkannt seyn muß, um in Gott sittliche Vollkommenheit denken zu können. Alle Erklärungen, Bestimmungen der sittlichen Güte in unsern Handlungen, die sich nahe oder ferne auf irgend eine sittliche Eigenschaft Gottes stützen, setzen die Kenntniß des sittlich Guten, die sie geben wollen, so nothwendig voraus, so unmöglich es wäre, ohne diese vorhergehende Kenntniß, Gott solche sittlich gute Eigenschaft beyzulegen. Es sagt zum Beyspiele jemand:

mand: „Gut ist, was dich glückselig macht;" und führt zum Beweise seines Satzes die wohlwollende Liebe Gottes an, die bey Erschaffung des Menschengeschlechtes kein anders Ziel, als seine Glückseligkeit, zur Absicht nehmen konnte. *) Dagegen werde ich mir aber
sogleich

*) Ich führe hier nicht meine, sondern fremde Gedanken Beyspielweise an. Denn wenn man unter Glückseligkeit jene des gegenwärtigen Lebens und all den möglichhöchsten Genuß von Lustgefühlen versteht, die man insgemein unter dem Namen von Glückseligkeit dieses Lebens mit zu denken gewohnt ist; so bleibt es ganz unterweislich, daß dieselbe nothwendig die Absicht der wohlwollenden Liebe Gottes bey Erschaffung des Menschengeschlechtes seyn mußte. Der Vater will auch das Glück seines Kindes; aber er schickt es erst zur Schule, nicht, um schon hier den Genuß des ihm bestimmten Glückes zu gewähren — welches sich mit dem mühsamen Lernen und Prüfen nicht wohl vereinigen ließe, sondern, um es zum Erwerbe und rechten, weisen Gebrauche seines Glückes
für

sogleich die Freyheit nehmen, zu fragen, aus welchem Grunde er Gott diese wohlwollende Liebe, Menschen glückselig zu machen, beylege; und ob er ihm solche wohl auch dann noch zuschreiben würde, wenn er diese wohlwollende Liebe, andre zu beseligen, nicht zum voraus als gut und edel dächte. Findet er in dieser Frage nicht, daß sein Gebäude von Kenntniß sittlicher Güte am Ende wieder auf vorausgesetzter Kenntniß sittlicher Güte ruhe, und daß er eben das, was er mühsam zu oberst hinaufsetzen wollte, schon stillschweigend zur Grundveste gelegt habe?

VIII.

für höhere Jahre zu bilden. Wenn nun dieses Leben Zustand der Kindheit, Schule, Zeit der Prüfung wäre — wie es wohl den aufmerksamen Beobachter dünken und so oft genannt wird — muß da Gott den vollen Genuß aller möglichen Annehmlichkeiten schon für dieses Leben nothwendig zur Absicht seiner Liebe haben? — Man gönnt dem Lehrlinge wohl zum Ausruhen Vakanzzeit, frohe Stunden und Tage; aber diese Ruhe und Freude sind nicht Zweck, sondern Mittel zum Zweck der Schule.

VIII.
Ueber einige Erklärungen des sittlich Guten aus allgemeinen abgezognen Begriffen.

Nicht wenige von unsren Philosophen, welche die Bestimmung und Kenntniß des sittlich Guten in der unmittelbaren Erfahrung und den Folgen unsrer Handlungen; in der Uebereinstimmung derselben mit dem Willen und Vollkommenheiten Gottes so wenig, als wir, finden konnten, wandten sich, wie es scheinen möchte, mit mehrerm Tiefsinne und Aufwande von Gelehrsamkeit an gewisse allgemeine abgezogne Begriffe, um endlich aus dieser Quelle abzuleiten, was sich aus keiner andern schöpfen ließ. Doch möchte so ein Versuch schon zum voraus kein allzugünstiges Vorurtheil für die Hofnung eines glücklichen Erfolges erwecken, wenn man bedenkt, welche Schwierigkeit es haben müsse, im Luftschlosse der Abstrakſtraktion wähnen zu wollen, wenn man einmal den feſten Boden der Erfahrung und der Authorität verlaſſen hat. Muß dann nicht ſelbſt jeder abgezogne Begriff ſeine Grundlage an lezterm haben, wenn er mehr als Luftgebäude ſeyn ſoll? Es iſt nicht ungewöhnlich, mit ſolchen allgemeinen Begriffen viel gelehrtes Spielwerk zu treiben, wenn man ſie nicht wieder auf die Erfahrung, aus der ſie hervorgiengen, zurückführen, und ihre Gültigkeit für jeden Fall, wozu man ſich ihrer bedient, unter helle, unmittelbare Anſchauung bringen will oder kann. Sonſt möchten ſie mehr Wortſpeiſe, als Gedankennahrung ſeyn, und einzig dazu gebraucht werden, um das, was man am hellen Mittage nicht erhalten kann, in einer dunkeln Dämmerung zu erſchleichen. Wie es ſich in unſerm gegenwärtigen Falle mit einem ſolchen Verſuche verhalte, läßt ſich etwa aus folgenden Bemerkungen entſcheiden.

Man wird es mir hier gerne vergeben, wenn ich wenig von dem ſage, was die

J 4 Meta-

Metaphysiker gut nennen; was ihnen mit dem Denkbaren, mit Realität einerley ist, und dem sie das Undenkbare, das Unding und Nichts entgegensetzen. Denn da sowol böse, als gute Handlungen von Realität und Kraft des Handelnden zeugen; da beyde auf Realität, Besitz, Brauchbarkeit und Genuß des Gegenstandes hinzielen: so läßt sich ohne nähere Auseinandersetzung die Kenntniß des sittlich Guten so lange davon nicht ableiten, so lange nicht festgesezt ist, welche Realitäten vor andern begehrenswerth seyen. Am Ende würden vielleicht diese begehrenswerthe Realitäten nichts weiters, als die angenehmen Folgen unsrer Handlungen, nur unter einem gelehrtern Namen seyn, von denen wir aber noch einmal zu reden ganz unnöthig finden.

Zudem erlangen ja alle Realitäten erst einen Werth durch ihren guten Gebrauch, durch ihre Zusammenstimmung mit andern Realitäten zu einem bestimmten Zwecke, vorzüglich zur Beförderung der sittlichen Güte,

welche

welche allein die höchste Realität von unbedingtem Werthe ist; die wir aber nicht deutlich kennen, so lange unausgemacht bleibt, worin das sittlich Gute für uns bestehe.

Man bediente sich auch insgemein aller dieser Vorbegriffe von Realitäten und Negationen dazu, um sich den Weg zum Begriffe der Vollkommenheit, und von diesem am Ende zu jenem der Sittlichkeit zu bahnen, um sagen zu können: „Sittlich gut ist, was vollkommen macht." Allein wie wenig sagt man damit?

Man hat es versucht, einige Bestimmungen von der Vollkommenheit anzugeben, die aber entweder den Begriff der Sittlichkeit und des sittlich Guten zum voraus als bekannt in sich schliessen, oder zum gegenwärtigen Zwecke nichts taugen. Vollkommenheit ist nach einigen Zusammenstimmung mehrerer Realitäten auf Eines hin. Nach dieser Erklärung mag auch der größte Bösewicht nicht selten mit dem Bewußtseyn hoher Vollkommenheit groß thun, wenn er

J 5 nach

nach einem gut angelegten und in allen seinen Theilen wohl zusammenstimmenden Plane eine empörende Ungerechtigkeit meisterlich ausführt, oder eine minder vorsichtige Unschuld in seine gespannten Netze so zuversichtlich, als einen Vogel, verwickelt.

Andre haben mit Scharfsinne das Gebrechen einer solchen Bestimmung des Vollkommnen bemerkt, aus welcher der planmässige Ungerechte so gut, als der vorsichtige und kluge Rechtschaffene auf eigne Vollkommenheit schliessen kann. Sie schien ihnen ganz undienlich, um zur Erklärung des sittlich Guten davon Gebrauch zu machen. Man änderte sie also in dieser Rücksicht ab, und statt die Vollkommenheit für eine Zusammenstimmung auf Eines hin anzugeben, nannte man sie Zusammenstimmung auf ein Solches hin, das unter die Klasse des Guten gehört.

Allein, was gewinnt man dadurch für unsern Fall, wenn man in den Begriff von Vollkommenheit auch das Gute hineinlegt? Die

Die Frage ist vom sittlich Guten, und dieses poßt in keine erklärende Bestimmung, wenn es nicht erst selbst erklärt und bestimmt ist.

Man sieht wohl von selbst ein, daß man nicht recht weis, was wahrhaft vollkommen mache, wenn man nicht zum voraus kennt, was wahrhaft sittlich gut sey. Die Liebe zum sittlich Guten macht vollkommen, weil man sich unter diesem das höchste, menschenwürdigste, vollkommneste Gut denkt.

Dies mögen jene erwogen haben, die sich aus dem Begriffe des Vollkommnen keine Aufklärung des sittlich Guten versprachen und sich darum zur Natur eines vernünftigen Wesens wandten. „Gut ist nach Ihnen, was unserer vernünftigen Natur gemäß ist." Sey es! Weis ich aber nun, was sittlich gut, oder weis ich, was meiner vernünftigen Natur gemäß sey? Oder will man dadurch nichts anders sagen, als: sittlich gut ist, was meine Vernunft für sittlich gut hält? — so verdient dieß allerdings eine genauere Erwägung, um

zu sehen, ob nicht etwa mehr unter diesem Ge=
meinspruche verborgen liege! als dem ersten
Anblicke nach hervorscheint.

IX.

Ob das sittlich Gute unsrer reinen Vernunft unabhängig, von aller Erfahrung und Authorität erkennbar sey? — oder aus einem eignen moralischen Gefühle?

Wir haben den vorhergehenden Abschnitt
mit Anführung derjenigen geendet, die sich,
nach manchen fehlgeschlagnen Versuchen, ei=
ne Kenntnißquelle des sittlich Guten aufzufin=
den, zuletzt auf den Ausspruch unserer Ver=
nunft berufen. Eine Auffoderung vor dem
Richterstuhle der gesunden Vernunft ist zwar
nicht immer ein Beweis, daß man ihr das
Vermögen zutraue, den Schiedrichter aus
eigner souverainen, von aller Erfahrung un=
abhängigen Gewalt zu machen. Oft tönt die
Frage:

Frage: „Sagt das nicht alle Menschenvernunft?" — und gleichwohl fühlt man, daß es die gesunde Menschenvernunft ohne vorläufige Menschenerfahrung nicht sagen könnte. Aber wenn man so eine Frage nothgedrungen thut, weil man weder auf dem Grunde der Erfahrung, noch auf jenen irgend einer Authorität festen Fuß setzen konnte; dann ist es ein sichres Kennzeichen, daß man sich lediglich an die reine von aller Erfahrung und Authorität unabhängige Vernunft wenden wolle.

Dieß ist unser Fall. Wir haben nirgend eine Quelle gefunden, woraus wir die Bestimmung und Kenntniß des sittlich Guten schöpfen konnten; nirgend in einer Erfahrung, oder einem aus der Erfahrung abgeleiteten Begriffe; nirgend in einer Authorität und in einem darauf gegründeten vernunftmässigen Beyfalle. Indessen sind wir gleichwohl im Besitze dieser Kenntniß, und es wird uns wohl niemand überreden, daß Lüge so gut, als Wahrhaftigkeit; neidisch tödtlicher Haß so gut, als gönnen-

gönnende hilfreiche Liebe sey. Woher diese Kenntniß? Wo liegt der ächte Grund, um darauf das Gebäude unsrer Sittenlehre und Sittlichkeit desto zuversichtlicher zu gründen? Wo? wenn er nun nicht in der reinen, von aller Erfahrung und Authorität unabhängigen Vernunft liegt? Ist es zu viel, wenn man nach all den vorläufigen Untersuchungen antwortet: Hier oder nirgendwo!

Es kann freylich mit der Entfernung aller Erfahrung so arg nicht gemeynt seyn, als wollte man dem Menschen das Sehen und Hören unserer sittlichen Handlungen absprechen. Die Handlung fällt wohl in die Sinne, aber ihre sittliche Güte, wenn sie sich auf keine von ihren Folgen gründen läßt, kann kein Gegenstand unsrer Sinne und Erfahrung seyn. Und wenn wir nun um so weniger irgend anderswo in einem sogenannten metaphysischen Begriffe, der selbst aus der Erfahrung genommen ist, oder in einer fremden, unverwerflichen Aussage, ein Licht über diese sittliche Güte aufgehen sehen; so

können

können wir dieses Licht nirgend als in unsrer eignen reinen Vernunft auffinden. Das sittlich Gute, das ohne Erniedrigung seiner und desselben um keines andern immerhin geringern Gutes willen darf geliebt werden, ist auch aus keinem andern Gute erkennbar; ist an sich erkennbar, und unsre reinste Vernunft ist dazu geordnet, um das reinste und höchste alles Guten zu erkennen.

Es mag uns eine solche reine, von Erfahrung unabhängige Kenntniß etwas befremdend scheinen, weil wir das Wie nicht einsehen. Aber von dem wievielsten Theile auch alles dessen, was in uns selbst vorgehet, ist uns dieses Wie bekannt? Wir fassen es, wenn wir genau nachforschen und unpartheyisch uns ausfragen wollen, von der Erkenntniß a posteriori gewiß so wenig, als von dieser reinen Erkenntniß a priori. Oder begreifen wir etwa leichter, wie die Seele in dem Anblicke der Veränderung ihrer sinnlichen Werkzeuge, die man für eine Wirkung äusserer Gegenstände annimmt, zugleich diese mit sehe, he, als wie sie bey der Vorstellung unsrer Handlungen zugleich ihre sinnliche Güte und Bosheit schaue? Leichter, wie sie zum Bilde des sinnlichen Gegenstandes, das in ihr ist, das Daseyn des Gegenstandes ausser ihr; als wie sie zur Vorstellung der Handlung sittliche Güte oder Nichtgüte hinzudenke? Immer muß unsre erkennende Seele so gut, wie jedes andre einzelne Wesen, seine Grundbestimmungen haben, auf die es eben sowol, als auf die Gegenstände ankömmt, warum sie so und nicht anders erkenne. Kann denn nun unsre Vernunft nicht so bestimmt, so geordnet und geeigenschaftet seyn, daß sie bey der Vorstellung einer Handlung an ihr unmittelbar das sittlich Gute oder Böse einsehe — ja muß sie es nicht seyn, wenn uns überall keine andre Quelle die Begriffe liefern kann, die wir davon haben, und die doch wahrlich keine chymärische Begriffe seyn werden?

Schon die Unzulänglichkeit aller jener Antworten, die über die Frage, was sittlich gut sey, angeführt, und so wenig Genüge

lei-

leistend erfunden worden, könnte und sollte dieser Behauptung vollen Eingang verschaffen. Doch wird es nicht unnütz seyn, noch einige Bemerkungen, besonders in Rücksicht des sittlich Guten aus vorgeblicher Erfahrung, beyzusetzen. Denn, was die übrig angeführten vorgeblichen Erkenntnißquellen betrifft, da wäre wohl jedes fernere Wort davon überflüssig.

Ich weis zwar, daß man auf Beyspiele in dieser Sache immer hunderterley zu antworten weis, wenn mans einmal bey sich festgesezt hat, das nicht zuzugeben, wofür sie angeführt werden. Doch wünschte ich, daß man öfters einige Augenblicke der geraden, alles, wie es kömmt, ohne Vorliebe und Vorurtheil auffassenden Beobachtung jener Leute schenken möchte, die unter dem gemeinen Volke den Rang vernünftiger, gesundsdenkender, rechtschaffner Männer behaupten. Berufen sie sich wohl, wenn sie für die Sittlichkeit oder gegen die Unsittlichkeit einer Handlung sprechen, immer auf Erfahrung und Folgen?

Ist nicht meist ihr einziger Entscheidungsgrund: „Das ist recht, das ist unrecht?" Fragt sie nicht um Beweise ihres Ausspruches? Sie würden unsre Frage in einer der Vernunft so klaren Sache lächerlich; wir aber müssen sie um so achtungswerther finden, je mehr sie einzig auf das natürliche Licht ihrer Vernunft, und je weniger sie auf jene Folgen der Handlungen bauen, auf die manche Philosophen, wo nicht ihre Sittlichkeit, doch wenigst ihre Sittenlehre, errichten wollen.

Das sittlich Gute ist uns über alle angenehme Folgen und Gefühle, über alle sinnliche Güter schätzbar und achtenswerth. Wie könnte es aber diese überwiegende Schätzbarkeit haben, wenn es aus Erfahrung und von eben diesen Folgen abzuleiten wäre? Wie könnte es da einen über dieselben weithinweggehenden Werth von unsrer Vernunft behaupten, da es keinen andern haben möchte, als den es von diesen entlehnte?

Der Werth des sittlich Guten ist uns so allgemein und nothwendig erhaben, und diese

Erha-

Erhabenheit so gewiß, daß wir keinen Anstand nehmen, sie über alle uns mögliche Erfahrung mit voller Zuversicht hinauszudehnen. Wir eignen eine nothwendige Hochachtung für dasselbe nicht nur allen denkenden und nicht ganz verdorbnen Menschen, sondern auch höhern Geistern und Gott selbsten zu. Wie kommen wir zu einer solchen zuversichtlichen Ausdehnung und Erweiterung, wenn das sittlich Gute einzig auf den Folgen unserer Handlungen für dieses Leben und diese Welt und die Kenntniß desselben auf der Erfahrung dieser Folgen beruhen sollte? Wie giebt uns die Erfahrung von diesem Leben und diesem Weltlaufe das Recht, die Resultate davon, auch für jedes andre Leben, für jede andre Welt, selbst für das Reich der höhern Geister und Gottes, als ungezweifelt wahr und richtig anzunehmen?

Man würde es für eine chimärische und Gott lästernde Furcht halten, wenn man die Frage als bedenklich aufwürfe: ob mit Gott der Wille zu lügen vereinbarlich sey? —

K 2 Wird

Wird aber die Bösheit der Lüge einzig aus der Erfahrung abgeleitet, so möchte so eine Frage allerdings mit einem bedenklichen Zweifel vorgebracht werden. Alle Gewißheit dagegen bestünde ja nur in dem Satze: „Soweit unsre bisherige Erfahrung reicht, haben wir die Lüge noch nie, als sittlich gut befunden." Dieß stünde uns aber nicht einmal für die Gleichförmigkeit aller künftig möglichen Erfahrung Bürge, um so weniger für das, was sie in einer andern Erde, andern Sinnen, andern vernünftigen Geschöpfen, höhern Geistern, und Gott selbst zur Beschauung darstellen möchte. Der aus der Erfahrung abgeleitete Begriff des sittlich Guten giebt weder hinlängliche Allgemeinheit, noch jene Zudringlichkeit, das sittlich Gute überall bey Gott und Menschen nothwendig als gut zu denken. Nur die reine, aus sich nothwendig so und nicht anders denkende Vernunft kann einen Begriff mit solcher Allgemeinheit und Nothwendigkeit liefern.

Wir können uns, was auf Erfahrung beruht

ruht, auf andre Weise möglich denken, als
es ist; können Sinne denken, denen das unangenehm, häßlich, bitter vorkommt, was
die unsern als angenehm, schön und schmackhaft, fühlen. Aber können wir uns auch
mit Abänderung der Sinne und der sinnlichen
Erfahrung zugleich eine Abänderung des sittlich Guten als möglich denken? Auf jeder
Erde, im ganzen Umkreise der weiten Schöpfung, wo sich vernünftige Wesen finden,
muß ihnen Lüge böse, und Wahrhaftigkeit
und Redlichkeit gut seyn.

Wir können uns wohl auch die Folgen
der Lüge, des Diebstahls, die in einem Falle
sehr unangenehm und unselig sind, in einem
andern durchs ganze Leben hin als angenehm
und erfreulich denken. Ein armer Diener
entzieht seinem reichen Herrn öfters so viel,
als dieser nicht bemerkt und als ihm hinreicht,
um etwas bequemer zu leben, oder sich aus einer manchmal aufstossenden Verlegenheit herauszuhelfen. Er wird sich schwerlich in seinem Gewissen dadurch beunruhigt finden, daß

er durch die übeln Folgen seiner Handlung, von denen er überall keine sieht, seine oder die Glückseligkeit des Menschen zerstöre; aber er wird es weder sich, noch rechtschaffenen Menschen, weder diesen, noch Gott, laut sagen dürfen: "Meine Handlung ist recht, ist sittlich gut." Die Erfahrung zeigt uns selige Folgen von bösen Handlungen, aber die Vernunft läßt uns darum nie das Böse als gut ansehen. Sie setzt sich mit Zuversicht über die Erfahrung hinauf, und entscheidet unabhängig von ihr über Recht und Unrecht. Wir haben eine Idee von Sittlichkeit, eine reine, nothwendige, in den Gesetzen und Bestimmungen der Vernunft gegründete Idee, die uns keine Erfahrung, noch sonst irgend etwas ausser uns geben, keine Erfahrung, noch sonst irgend etwas rauben kann — eine Idee, die wir überall hin, über alle Erfahrung, Gegenwart, Zeit und Raum hinaustragen; da wir jedem, den wir gut und groß denken wollen, die Sittlichkeit nach dieser Idee leihen, und nach ihrem angeschlagnen Maaßstabe allein, alle vortrefliche Männer

vortref=

vortreflich, alle erhabnen Geister erhaben, und Gott selbst der höchsten Schätzung und der tiefsten Verehrung würdig finden.

Ich habe es bisher verschoben, etwas von dem moralischen Gefühl zu sagen. Hier kann es um so füglicher stehen, weil eben dieselbe Ursache, die uns zulezt bey der Untersuchung des sittlich Guten an den Ausspruch der reinen Vernunft anwies, anderen Gelegenheit ward, sich das Daseyn eines eignen moralischen Sinnes zu erdenken. Die Unzulänglichkeit von den gewöhnlichen Kenntnißquellen der Sittlichkeit drang sie, eine neue, wo nicht in der Natur, doch wenigst in ihrer Einbildung, aufzufinden.

Gefühl ist eine Sache, unter dessen Namen viel Schleichhandel im litterarischen Verkehre getrieben wird. Es wird vieldeutig gebraucht, giebt eben darum zu mancherley Mißverstande Anlaß, und wem es nicht glücken will, sich und seine Leser auf einen hellen Standpunkt zu bringen, rettet sich am Ende

K 4   gerne

gerne hinter dunkle Gefühle. Um so nöthiger wird die Bestimmung, was man eigentlich unter dem moralischen Gefühle wolle gedacht oder verstanden haben.

Man nennt sehr oft die Vernunftkenntniß, wenn sie dunkel, oder auch klar, aber nicht deutlich ist, Gefühl. In diesem Sinne steht das moralische Gefühle mit unserm behaupteten reinen Vernunftbegriffe des sittlich Guten ganz nicht im Widerspruche. — Ferner mag jedermann ein moralisches Gefühl annehmen, wenn er dabey nichts anders, als jene Achtung, Werthschätzung jenes Interesse denkt, das die Kenntniß des sittlich Guten für dieses erweckt. In dieser Bedeutung ist es eine Folge der reinen Vernunftkenntniß, die jedermann zugiebt und zugeben muß. — Aber es giebt noch eine andre von den vorhergehenden ganz verschiedne Bedeutung desselben, da man es nicht als Einerley mit der gemeinen undeutlichen Vernunftkenntniß, sondern als ein davon ganz unterschiednes eigentliches

liches Gefühl; nicht als eine Folge, sondern als eine Quelle der Kenntniß von Sittlichkeit aufführt. Die Vertheidiger desselben, nach diesem leztern Sinne, leiten nehmlich den Begriff des sittlich Guten nicht aus reiner Vernunftkenntniß, sondern ebenfalls aus Erfahrung ab. Da sie aber die bekannte fünf Sinne zu einer solchen Erfahrung untauglich finden, so geben sie den Menschen einen eignen sechsten Sinn zu, durch den sie das Gute und Böse eben so zuversichtlich fühlen und unterscheiden sollen, als sie das An- und Unangenehme durch die übrigen Sinne empfinden. Diesen Sinn nennen sie das moralische Gefühl.

Es bedarf keiner Erinnerung, daß die Vertheidiger dieses Gefühls denen Meynungen, die im Verlaufe dieser Schrift in Rücksicht auf die Sittlichkeit der Handlungen widerlegt worden, eben so gerade, als wir selbst, widersprechen. Sie leiten das sittlich Gute nirgend aus einem allgemeinen abgezog-

K 5 nen

nen Begriffe, nirgend aus einer Authorität, nirgend aus einer angenehmen Folge, sondern unmittelbar vom Eindrucke der Handlung selbst auf diesen Sinn her. Zugleich widersprechen sie aber auch dem, was wir von reiner, von aller Erfahrung und allem Gefühle unabhängiger Vernunfterkenntniß des sittlich Guten erwähnt haben. Allein mit welchem Grunde?

Es wird hier ein neues Organon angenommen, dessen Daseyn zu behaupten uns keine Noth bringt; da ja die Vernunft, deren Daseyn gewiß ist, die diesem Sinne aufgetragnen Geschäfte eben so wohl für sich allein ausrichten mag. Will man die Unbegreiflichkeit reiner Vernunfterkenntniß vorschützen, so ist Unbegreiflichkeit noch keine Nothwendigkeit, das Daseyn der Organe zu vervielfachen, ohne irgend einen andern Grund davon angeben zu können. Und begreift man denn leichter, wie sich das sittlich Gute in einer Handlung fühlen, als wie es sich von der

reinen

reinen Vernunft anblicken lasse? Versteht man, wie es sich achtungswerther, als alles übrige noch so angenehme, in einem Gefühle darstelle, das doch an Lebhaftigkeit von dem Gefühle des Angenehmen weit übertroffen wird? Dieß versteht man, nur, wie es achtungswerther, als alles fühlbare, von der reinen Vernunft möge gedacht werden, nur dieß versteht man nicht? Ists etwa begreiflicher, daß jene hohe Achtung, die man mit dem Anschauen des sittlich Guten verbindet, ein Resultat des Gefühles, als der reinen Vernunft seyn soll? Wie mag doch wohl die Kenntniß dieses sittlich Guten, das wir immer geistig und so hoch über andre sinnliche Güter, als den Geist über den Körper, erhaben zu denken gedrungen sind, durch einen körperlich materiellen Sinn in unsre Seele geleitet werden? Und ein sinnlich körperliches Gefühl muß man doch wohl meynen, oder man spielt mit Worten und verwirrt solches, falls man es einzig in die Seele setzet,

mit

mit der gesund — aber doch undeutlich denken:
den gemeinen Menschenvernunft.

Es ließen sich, wenn es die Mühe lohnte
und vorgebliche Unbegreiflichkeiten hier überall
etwas entscheiden könnten, derenselben noch
weit mehr häufen. Aber es giebt noch viel
wichtigers, was gegen ein moralisches Ge:
fühl, als Kenntnißquelle des sittlich Guten,
streitet.

Je heiterer, und so zu sagen, je kälter ge:
gen alle angenehme fühlbare Eindrücke eine
rechtschaffne Seele in seinen Handlungen zu
Werke geht; je losgerißner vom Körper und
allem dem, was wir unter dem Namen kör:
perliche Gefühle denken; je weniger sie von
diesen hat, und je mehr von dem, was wir
uns unter hell, rein und festschauender Ver:
nunft vorstellen: desto größer ist sie uns.
Nicht, je inniger sie empfindet und in dunkeln
Gefühlen lustwandelt; sondern, je freyer und
unbewölkter sie schaut, je grader und unab:

bring:

bringlicher sie dem vollen Lichte nachwandelt, desto mehr hat sie auf unsern ehrenden Beyfall gerechten Anspruch.

Wenn sie sich zuweilen selbst nicht überzeugen kann, was gut oder böse, gut oder besser gethan sey, so überlegt und vergleicht sie — etwa durch kaltblütige Vergleichung und Ueberlegung ein körperliches Gefühl zu erregen, oder vielmehr das Dunkle der Vernunft unter eine nähere Anschauung zu rücken, und das Ungewiße zur Gewißheit, das Zweifelhafte zur Wahrheit zu erheben?

Ist ein körperliches Gefühl die Kenntnißquelle der Sittlichkeit unserer Handlungen, so kömmt uns diese Kenntniß durch Erfahrung zu, und alles, was oben von der Unzulänglichkeit jeder Erfahrung zu einem Begriffe von nothwendiger allgemeiner, sich auf Gott und Gottes erhabnere Geister erstreckenden sittlichen Güte angeführt worden, hat auch hier seine volle Anwendung. Mit welchem Rechte, te, mit welch gegründeter Zuversicht können wir die Vollkommenheiten, die wir hier einzig durch ein körperliches Gefühl kennen, auch Gott beylegen, der keines solchen Gefühles fähig ist? Können diese Vollkommenheiten nicht einmal durch die Auflösung des Körpers aufhören, auch für uns selbst Vollkommenheiten zu seyn und wegfallen, wie Farben mit dem Auge und Töne mit dem Ohr? Muß oder wird nicht im Tode dieser moralisch körperliche Sinn mit dem Körper und den übrig sinnlichen Werkzeugen zerstört werden? Es wird schwer halten, sich in die Beantwortung dieser Fragen einzulassen, und dabey überall unsern Begriff von einer nicht nur Menschen, sondern auch allen höhern vernünftigen Wesen, nicht nur also auf die Natur des Menschen, sondern auch auf die Natur aller vernünftigen Wesen gegründeten Moralität, mit diesem moralischen Sinn zu vereinbaren, der ein körperliches, materielles Werkzeug sinnlicher Menschen seyn soll.

Man kann wohl, ohne sich eines eigensinnigen

sinnigen Widersprechungsgeistes schuldig zu machen, das Daseyn eines Gefühles läugnen, das keinen Grund für sich, und viele wichtige Gründe wider sich hat. Dagegen stimmt man nur um so mehr mit seiner innigsten Erfahrung zusammen. Nach dieser finde ich, daß das Wohlgefallen am Guten aus dem Anschauen und der Kenntniß des Guten, und nicht die Kenntniß aus dem Wohlgefallen hervorgehe. Bewußtseyn des Guten, giebt Freude am Guten, und nicht die Freude öffnet unser Auge zur Anschauung und zum Bewußtseyn des Guten. Diese Freude, dieß Interesse, das ich am Guten nehme, mag moralisches Gefühl heissen, aber sie ist eine Folge des erkannten, und nicht eine Kenntnißquelle des noch unerkannten Guten. Sonst kömmt Kenntniß aus erfahrbaren, angenehmen Wirkungen, und ist darum Kenntniß aus Erfahrung; hier angenehme Wirkung aus der Kenntniß, und dieß ist darum eine von der Erfahrung unabhängige Kenntniß.

X. Fol-

X.
Folgerungen aus dem vorhergehenden Abschnitte.

Die Folgerungen, die sich aus dem vorhergehenden Abschnitt ergeben, sind so aufgesetzt, wie sie mir bey genauerer Prüfung desselben zu Sinne kamen. Sie enthalten darum nicht nur Bestättigungen meiner angeführten Meynung, sondern auch Einwürfe dagegen, die sich manchem, wie mir, darbiethen möchten. Nur sind diesen leztern auch einige Antworten beygefügt, die aber, wie natürlich, niemanden vorgreifen, noch etwas bessers darauf aus seinem Hausvorrathe hervorzulangen, als der meinige enthält.

Wenn man auf die Frage, „was ist sittlich gut?" nichts weiters zu antworten weis, als: „das, was dir deine Vernunft, unabhängig von aller Erfahrung, als sittlich

lich gut darstellt;" so scheint eine solche Antwort wenig deutliches, und wenig mehr zu enthalten, als was jedem sein gesunder Menschenverstand auch sagt, ohne hiezu philosophischer Einsichten nöthig zu haben.

Es wird sich noch in einem folgenden Abschnitt zeigen, ob uns philosophische Nachforschungen nicht etwas mehr Licht in dieser Sache verschaffen können, als die gemeine Vernunftkenntniß, ohne alle Philosophie, gewährt. Indessen muß ich bekennen, daß auch da sich keine so großen Vortheile zeigen werden, die uns berechtigen könnten, auf Philosophie sehr groß zu thun und auf gemeinen Menschenverstand mit Geringschätzung herabzublicken. Vielleicht ist es das Hauptverdienst der wahren Philosophie, daß sie uns auf diesen gesunden Menschenverstand zurückführe, nach dem uns eine falsche und irrige so oft davon entfernt hat. Und da könnte man sagen, daß wir durch Hilfe philosophischer Erforschungen immer weit genug fortgeschritten, wenn wir uns weit genug von irrigen, und etwa der Sittlich-

£ keit

keit wohl gar verderblichen, Meynungen entfernt haben. Vortheil genug, wenn wir außer Gefahr sind, einem falschen blendenden Scheine zu folgen und das Licht kennen, dem wir mit Behauptung wahrer Sittlichkeit und voller Menschenwürde nachwandeln mögen — Sey es auch, daß dieses Licht nicht viel mehr, als das gemeine Vernunftlicht sey, das allen Menschen leuchtet und auf das sich der Taglöhner in seiner Hütte so gut, als der Philosoph in seiner Studierstube, berufen kann — „Das ist gut, das ist Recht, weil es mir meine Vernunft als gut und recht darstellt."

Scheint nicht eben das, was man zum Nachtheile unsres Satzes anzuführen glaubt, eine Bestättigung desselben zu seyn? Was ist allgemein wichtiger, als Kenntniß des sittlich Guten? Eine Kenntniß aber, die allen Menschen so nöthig und wichtig ist, muß sie nicht dem gemeinen Menschenverstande eben so wohl, als dem Philosophen offen stehen? Ist es nicht der weisen unpartheiischen Vorsehung des Höchsten angemessen, in einer Sache, die alle Menschen angeht, allen eine Art von gleichem

Lichte

Lichte mitzutheilen, wie er ebendieselbe Sonne über alle aufgehen und allen scheinen läßt? Kann der Philosoph auch nur wünschen, daß ihm der Schöpfer hierin große Vorrechte genießen, und den gemeinen Mann im Finstern warten und tappen lasse, bis einmal ein Philosoph Licht genug hat, und Geschicklichkeit und Popularität genug erlangt, ihm davon auch leuchten zu lassen? Genug, wenn er in der Erforschung der Naturgesetze auch unter andern dieses mit mehr Deutlichkeit, als Nichtforschende, einsieht; nähmlich das wohlthätige Gesetz, Kraft dessen die reine Vernunft den nothwendig zu erfüllenden Auftrag bekommen hat, jedem, der sie brauchen will, dem Ungelehrten so gut, als dem Gelehrten, zu sagen: „Das ist gut, recht und edel — das ist böse, unrecht und niedrig." Diese Kenntnißquelle empfiehlt sich eben dadurch, daß es hiebey keiner weiten Ausholung, keiner langen und verwickelten, dem größten Theile unmöglichen Berechnung aller wahrscheinlich und möglichen Folgen bedarf, um Gutes und Böses zu unterscheiden. Jedermann wendet

L 2 sich

sich nur geradehin an seine Vernunft, oder an solche allgemeinere Grundgesetze von Gottes = Nächstenliebe, die sie aussagt und findet, was er sucht, ohne alle jene Grübeley, die oft mehr beyträgt, die offen daliegende Kenntniß des Guten zu verdunkeln, als aufzuhellen.

———

Nichts sichert der Vernunft, und nichts der Tugend ihren hohen Werth und ihre eigne Würde und Schönheit mehr, als wenn das sittlich Gute unmittelbar an sich, als das Schätzbarste aller Güter anschaubar ist und die Vernunft die Kraft hat, dasselbe als das Schätzbarste aller Güter mit reinem, von der Erfahrung unabhängigem Blicke zu schauen und zu denken, und sich dadurch selbst das Gesetz zur thätigen Liebe desselben vorzuschreiben.

Wer das sittlich Gute in die angenehmen Folgen unserer Handlungen, in die möglich größte Befriedigung unserer, oder auch fremder

der Neigungen sezt, der sagt der Tugend gleichsam ins Angesicht: „Du hast keine eigne Schönheit, keinen eignen Werth. All dein Werth ist kein andrer, als jener, den angenehme sinnliche Eindrücke für mich haben. Selbst das frohe Bewußtseyn deiner ist nur ein Bewußtseyn, das gethan zu haben, was diese sinnlich-gefälligen Eindrücke bewirken soll. Diese Lustgefühle sind aber dir nicht ausschlußweise eigen, sind nicht einzig ein Ausfluß von deiner Wirkung. Sie kommen oft eben sowol von einer Handlung, diese mag böse oder gut gedacht werden; oft eben sowol vom Zufalle und selbst von einer unsittlich ungerechten Bestrebsamkeit, als von dir."

Wer aber dem sittlich Guten eine eigne, von der Annehmlichkeit und Güte der Folgen unabhängige, schaubare Güte zuschreibt, der vertheidigt eine ihm eigne Würde und Schönheit; der legt ihm nicht den niedrigen Werth eines Mittels zum Erwerbe sinnlicher Lust, sondern den hohen Gehalt eines Zweckes für sich

sich selbst bey. Der faßt es dann auch um so leichter, wie Tugend, die thätige, herrschende Liebe des sittlich Guten, ihre Würde und Schätzbarkeit nicht von der Befriedigung unsrer Neigungen entlehne, sondern für sich selbst eine Würde und Hoheit habe, die über alles, was Neigungen befriedigt, weit erhaben ist. Er faßt es, wie Tugend nicht um andrer sinnlichen Annehmlichkeiten, sondern um ihrer selbst willen, liebenswürdig sey.

Es läßt sich zwar nicht läugnen, daß diejenigen, welche nur das sittlich gut nennen, was vollkommen macht, was der vernünftigen Natur gemäß ist, — oder was durch einen eignen moralischen Sinn erkannt wird, der Tugend ebenfalls einen eigenthümlichen Werth zuschreiben. Aus diesem Grunde sind ihre Erklärungen auch der reinen Tugend viel vortheilhafter, als jener, die sie zur Classe der Sinnlichkeit herabwürdigen, und ich möchte wohl im Namen reiner Tugend bitten, sich, wenn man auch unsern Grundsätzen nicht beypflichten will, doch wenigst

nigst nie von diesen zu entfernen. Jeder andre Boden, auf den man sonst immer bauen will, bringt Gefahr, nur ein schwankendes und solches Sittengebäude aufzuführen, das die reine Tugend gefährlichen Angriffen und mancherley Verunstaltung bloß stellet.

Indessen muß ich doch zugleich hier meine Ueberzeugung wiederholt bekennen, daß jede Erklärung aus dem Begriffe der Vollkommenheit und der Uebereinstimmung mit unsrer vernünftigen Natur entweder bloß tautologische Erklärung sey, die das sittlich Gute, das sie kennbar machen will, schon zum voraus als erkannt annimmt; oder am Ende nothwendig mit unserm Grundsatze übereinkommen müsse. Der Grundsatz des moralischen Gefühles aber ist nebst dem, was schon dawider gesagt worden, kein ganz so reiner Grundsatz, als die eben bemerkten, und bringt die Tugend näher zur Sinnlichkeit hin. Das Gute hat zwar nach diesem noch seinen eigenthümlichen Werth, der aber gleichfalls in sinnlichen Eindrücken besteht, die sich von

den

den gewöhnlichen nur so weit unterscheiden, als ein Sinn von dem andern, und der moralische von dem übrigen unterschieden ist.

———

Wie die Tugend, so erhält auch die Vernunft von der Lehre, die ihr reine Kenntniß des sittlich Guten beylegt, jene Würde, die man ihr zuzueignen und darein den höchsten Vorzug des Menschen zu setzen gewohnt ist. Nicht Gefühle, von was immer für einer Art, auch nicht das moralische, sondern Vernunft macht hier den Menschen zum sittlichen und erhabensten aller sichtbaren Geschöpfe. Diese ist hier keine Dienstmagd der Neigungen, die das Gute zu ihren Gunsten nach der grösten Summe von genießbaren Lustgefühlen zu berechnen hat. Sie ist Königinn, unter deren Herrschaft die Neigungen stehen und deren Ausspruche „das ist gut" alle ihre Foderungen weichen müssen. Man kann ihr nicht den Vorwurf machen, daß sie eine dieser Neigungen nur durch die höhere Befriedigung einer andern, sondern jede und alle,

selbst

selbst die Liebe zum Leben und die Furcht vor
der gänzlichen Aufhebung alles gegenwärtigen
angenehmen Genußes, niederschlagen möge:
und zwar lediglich aus sich selbst, Kraft der
reinen Anschauung und der damit verbunde:
nen höchsten Achtung des sittlich Guten. Ihr
Machtspruch: „ das ist gut, das ist böse" gilt
ihr mehr, als die Stimme des Gefühles:
„Das ist süsse, das ist bitter." Sie erkennt
die Vollgültigkeit dieses ihres eignen Ausspru:
ches und die Pflicht, sich nach diesem Urthei:
le zu fügen, so zuversichtlich, daß, wenn
sie auch nicht so handelt, sie doch allemal bey
ruhigem Nachdenken sich selbst Vorwürfe
darüber machen und bekennen muß, sie hätte
so handeln sollen.

Wenn die Kenntniß des sittlich Guten,
als des schätzbaresten aller Güter, nicht aus
der Erfahrung, sondern aus der reinen Ver:
nunft kömmt, oder wenn der Grund dieser
Kenntniß nicht in irgend einem Eindrucke von
außen, sondern in dem Vermögen und der
innern Beschaffenheit der reinen, von äußern

L 5   Eindrü:

Eindrücken und Erfahrung unabhängig erkennenden, Vernunft liegt; so könnte dieß dem Nachdenkenden unsre Freyheit, oder freye Selbstthätigkeit in einem Lichte zeigen, in dem er sie nirgend anderswo so helle und in so engem Zusammenhange mit unsrer Sittlichkeit erblickt. Es kömmt zwar hier ganz vorzüglich darauf an, daß man sich zum voraus keinen unächten Begriff von der Freyheit mache, der uns bey einem so tief liegenden Gegenstande in die dunkelsten Irrgänge einführen, und am Ende ohne Leitfaden zu irgend einem Auswege verlassen könnte. Doch ohne uns von dem gewöhnlichen Begriffe zu weit zu entfernen, so löset sich die Frage von der Freyheit des Willens doch immer in die Frage auf, ob der Mensch bey seinem Wollen und Handeln sich selbst bestimmen möge, oder von etwas, das ausser ihm liegt, bestimmt werde. Unabhängigkeit von solchen Bestimmungen, die von außen herkommen, gehört nothwendig zur Freyheit.

Wenn nun die Vernunft aus sich und

Kraft

Kraft innerer Einrichtung das sittlich Gute erkennt, an dem erkannten Interesse nimmt und hohe Achtung dafür hat; wenn der Mensch dieser Achtung gemäß handelt; so ist offenbar, daß die Bestimmung dazu nicht von außen her, nicht von irgend einem Interesse erweckenden Eindruck, sondern lediglich aus der innern, von aller Erfahrung, von allem Eindrucke unabhängig wirkenden Vernunft entspringe. Der Mensch bestimmt sich also selbst durch seine innere Kraft der reinen Vernunft, und wird nicht anders woher bestimmt — Er ist frey.

Dagegen wenn er sich von den sinnlichen Annehmlichkeiten reizen läßt, seinem Begriffe von sittlicher Güte oder Bösheit zuwider zu handeln, so läßt er sich anders woher bestimmen. Er läßt sich binden, und an Banden, weil sie von Seide und schönfarbigt sind, auf Abwege fortziehen; da er doch, wenn er wollte, frey, von selbst und aus eigner innerer Kraft die gerade Strasse wandeln könnte. Der Freygeborne läßt sich zum Knechte herabwürdigen.

Sitt-

Sittlich gut handeln — indem man sich einzig von der reinen Vernunftkenntniß und der damit verbundenen Achtung des sittlich Guten leiten läßt — und frey handeln, ist eines und eben dasselbe. „Die Wahrheit wird euch frey machen" — sagt der Weiseste.

Sich von äußerm Eindrucke des Angenehmen leiten lassen, da man sich durch reine Kenntniß und Achtung des Guten leiten könnte — Unfrey handeln, da man frey handeln könnte; und böse handeln, da man gut handeln könnte — ist abermal eines und eben dasselbe. „Wer Sünde thut, ist ein Knecht der Sünde" — sagt abermal der Weiseste. Man verstehe nicht unrecht, man frage nicht: „wie kann der Mensch sündigen, wenn er unfrey handelt?" Dem, der Knecht wird, da er Herr seyn könnte, ist seine Knechtschaft, seine Unfreyheit freywillig. Der Böse läßt sich bestimmen, und unterläßt, sich selbst zu bestimmen. Diese Unterlassung der Selbstbestimmung, der freyen Selbstthätigkeit, wird ihm zur Schuld angerechnet.

Bey bösen Gesinnungen und Thaten zeigt sich das, was wir Freyheit nennen, durch Unterlassung, durch Trägheit und Mangel; zeigt sich als eine Unvollkommenheit, die mit dem höchsten vollkommnesten Wesen unvereinbarlich ist — bey Guten erscheint sie durch innere Selbstthätigkeit, durch Unabhängigkeit von äußern Bestimmungen, erscheint als Vollkommenheit, die auch Gott, nur ohne alle menschliche Schranken, zukömmt und zukommen muß — als eine Vollkommenheit, die in allen redlichen Freunden der Tugend sich um so mehr verstärkt, je mehr sie an der Liebe zu allem Guten und Wahren zunehmen, je öfter sie nach innerer von Erfahrung unabhängiger Kenntniß wirken, je weniger Eindrücke von außen auf sie, je mehr sie auf alle Dinge von außen vermögen, und sich alles zur Vollbringung des Guten aus innerer Kraft unterwerfen. Wo ist der Mensch, der nicht hier die höchste Würde seiner reinen, seiner freythätig praktischen Vernunft sieht, und kein Verlangen fühlt, nach dem Diadem zu ringen, womit ihn allein reine Kenntniß und Achtung

des

des Guten, dieser wahre Freyheitssinn, zu krönen vermag.

Wenn das sittlich Gute eigne Kennbarkeit, eigne Schönheit, Vortreflich = und Schätzbarkeit hat, so muß es auch um dieser willen geliebt werden. Wenn die Tugend ihren Werth nicht von den Folgen hernimmt, sondern für sich selbst einen höhern, als alle angenehme Folgen hat, so darf sie uns auch nicht wegen der Folgen, so muß sie uns um ihres innern Werthes, um ihrer selbst willen schätzbar und liebenswürdig seyn. Sonst würden wir etwas, das weit unter ihr steht, zum Gegenstande unsers Wohlgefallens und zum Zwecke unsrer Bestrebsamkeit machen. Wer eine schöne tugendhafte Braut um der reichen Mitgabe willen ehelicht, der liebt und schätzt nicht sie, nicht die schöne Seele im schönen Körper, nicht, was sie ist, sondern was sie mitbringt.

Diese Folgerung bedarf keines weitern Beweises; ihre Richtigkeit liegt am Tage.

Aber

Aber hieraus laſſen ſich andre ziehen, welche die menſchliche Schwachheit gegen ſolche, wie es ſcheint, hochgeſpannte und ſtrenge Fo derungen in Aengſtlichkeit und Verwirrung ſetzen, eben darum aber auch ſehr geneigt ma chen, die Sätze, aus denen ſie fließen, die eigne Kenn - und Schätzbarkeit des ſittlich Guten und die reine Kenntnißkraft unſerer Vernunft wegzuläugnen. „ Man wäre al ſo — ſo kann und pflegt man weiter zu fol gern — in Gefahr, der Tugend verluſtig zu werden, wenn man ſich durch andre Gründe, als ihren innern Werth, zur Ausübung derſel ben ermunterte? Man dürfte keine Beweg gründe dazu weder von den Folgen der Gegen wart, noch der Zukunft herholen? Iſt das nicht wider die Religion? Und wenn es ihr auch nicht zuwider iſt, ſo ſcheint es doch, gegen die ſchwache Natur des Menſchen zu ſtreiten, daß er das Gute blos darum wolle und thue, weil ihm ſeine Vernunft ſagt, daß es gut ſey. — Nicht ſelten geſchieht es, daß unſere Neigung auch mit dem Ausſpruche un ſerer Vernunft einſtimmig iſt, und da wird

es

es doch wohl gut, die Handlung auch blos aus Neigung, und eben nicht nöthig seyn, sie aus Gehorsam gegen die gesetzgeberische Vernunft zu thun? Darf man etwa auch nicht aus Liebe zu Gott und den Nebenmenschen handeln?"

Der Gegenstand dieser Fragen scheint mir so wichtig, daß es sich wohl der Mühe lohnen würde, ihn durch eine eigne Abhandlung ausführlich zu entwickeln. Ich muß mich einschränken, hier etwas zu einer Grundlage dafür zu liefern.

Einmal ist der hohe Werth jener Handlungen unverkennbar, die aus reiner Achtung für das erkannte Gute und nicht aus Neigung wegen der angenehmen damit verbundenen Folgen geschehen. Wer sein Leben erhält, nicht, weil er Trieb und Neigung dazu fühlt, sondern, weil er die Sorge für seine Erhaltung als gut und rechtmäßig erkennt; wer seinem Mitmenschen wohl will und wohl thut, nicht, weil ihn

sinnlich

sinnlich sympathetisches Gefühl, sondern Pflicht und Vernunft dazu auffodert, weil er thätiges Wohlwollen für recht und edel ansieht — mit einem Worte: wer Gutes will und thut, weil er's ohne Rücksicht auf die Folgen, die es gewähren, und auf die Neigungen, die es befriedigen kann, als gut, recht und vernunftmäsig erkennt, dessen Handlungsweise hat sowol vor dem Richterstuhl der aufgeklärten, als der gemeinen gesunden Menschenvernunft wahren sittlichen Gehalt, und erwirbt ihm jene Würde, deren nur ein Mensch fähig ist, da nach Trieben, Neigungen und Instinkte zu handeln auch den Thieren eigen bleibt.

„Das läßt sich alles schön sagen und wohl hören. Aber wo soll der Mensch die Kraft hernehmen, das Gute um des Guten willen zu thun?" — Will man mit diesem Einwurfe so viel sagen, als hätte der Mensch gar keine solche Kraft, so müßten wir ihm alles Vermögen, die hohe sittliche,

M aber

über allen Erwerb und Besitz von Lust und Freude erhabne Würde zu erreichen, ganz absprechen. Denn wenn er das Gute nicht um seinet = sondern nur um eines andern, nach jedem gesunden Menschenverstande, geringern Vortheiles willen zu lieben vermag, so ist er eigentlich der Liebe des Guten ganz unfähig. Wer nirgend einem Menschen wegen seiner innern Vorzüge, wer demselben überall nur wegen eigner Vortheile seine Freundschaft schenken kann, der mag nur ein Freund seiner Vortheile seyn, nie der Freund eines Menschen werden. — Und wer das Gute nur als Mittel zum Angenehmen lieb gewinnt, dem ist das Angenehme alles, und das Gute an sich nichts. Trennt dasselbe von höherer Lust; sezt diese mit dem Bösen in Verbindung — Ein, wie wir gesehen, nicht erdichteter, sondern nicht selten wirklicher Fall — so wird es ihm, nach obiger Voraussetzung seines Unvermögens, das Gute um des

Guten

Guten willen zu lieben, auch unmöglich, noch ferner dem Guten nachzustreben. Wer mag aber auch in diesem Falle einen Menschen beschuldigen, daß er das Unmögliche nicht that? Wer hier ihm jene Freyheit zueignen, die allein zu einer solchen Beschuldigung berechtigen kann?

Indessen wie kann man doch die Liebe des Guten um des Guten willen für so beynahe unmöglich halten? Die tägliche Erfahrung, wenn wir sie nur anstellen wollten, würde den Ungrund dieses Vorgebens beweisen. Erzählt vernunftfähigen Kindern, dem gemeinen Volksmanne und Menschen, die ganz keine Schulwissenschaft und Schulaufklärung, nur mittelmäßig gesunden Verstand besitzen, erzählt ihnen große, edle Thaten des Muths und der Liebe, große beschwerliche, wohlthätige Aufopferungen im Kleinen oder Großen; und seht, ob sie das Gute und Edle nicht gut und edel, über alles schätzbar und um so schätzbarer finden, je weniger die Absicht auf selig angenehme

Folgen daran Theil hatte. Der Begriff einer so über alles achtungswerthen sittlichen Güte wohnt jedem natürlichen Verstande bey, und er darf nicht so viel gelehrt, als nur öfters erweckt und zur Beurtheilung guter und böser Gesinnungen und Thaten ermuntert werden, um seine Kraft und seinen Einfluß auf unsre Handlungsart zu beweisen.

Nun so lange wir den Menschen eines Begriffes von der hohen Würde, den sittliche Güte giebt, nicht ganz unfähig halten; können wir ihm auch das Vermögen nicht absprechen, das Gute um des Guten willen zu lieben. Erhaben, und in ihrer ganzen Vollkommenheit schwer erreichbar, mag uns freylich diese Liebe scheinen; darum soll sie aber auch das Ziel unsers ganzen Lebens seyn. Wenn wir es auch am Ende desselben noch nicht ganz erreicht, wenn wir uns nur immer mehr und mehr genähert hätten; so wäre doch schon vieles geleistet, und es darf uns gar nicht gereuen, immer dieses Ziel zum Augenmerk all unsres Strebens genommen zu haben. Denn hätten wir das nicht gethan, so würde uns auch jene Annäherung unmöglich gewesen seyn, die uns doch die frohe Hofnung gewährt, noch etwa in einer andern Lebensperiode die Strecke zu hinterlegen, die uns in dieser bey all redlicher Bestrebsamkeit vom Ziele entfernt hielt.

„Niemand — sagt Ferguson — ist von einem Ziele so weit entfernt, daß er nicht seinen Gang gegen dasselbe richten könnte. Der schlechteste sowol, als der beste Schütze zielt doch nach dem Ziele, und der, welcher das Ziel aufsteckt, wird nicht getadelt, wenn gleich niemand ist, der es trift." *) Sollte auch hier ganz reine Tugend nirgend zu Hause seyn; sollte sich überall in unser noch so gutes Wollen und Handeln unser Temperament, unser

*) Der göttliche Weise, der sprach: — „Seyd vollkommen, wie euer Vater im Himmel vollkommen ist" — steckte gewiß ein erhabnes Ziel auf. Will man ihn darum tadeln?

sinnliche Hang, unsre Neigung und eine nicht
ganz reine Selbstliebe mit einmischen: ge=
nug, wenn nur Liebe des Guten um des Gu=
ten willen auch immer mehr Antheil daran
gewinnt; wenn unsre Achtung für dasselbe
nur immer reiner wird, ob sie gleich nie ganz
von allem fremden Zusatze frey seyn möchte.
Es mag uns wohl eben diese Erhabenheit des
Zieles, das wir hier kennen und doch selten
oder nie in dieser Periode erreichen, ein Wink
seyn, daß noch eine zweyte folgen und uns dem=
selben näher rücken werde. Eben die Beschwer=
lichkeit, das Ziel zu treffen, fodert uns auf, das
Absehen um so schärfer zu nehmen. Je höher
die Krone hängt, die man herablangen soll,
um so lebhafter wird bey dem Bestrebsamen
der Schwung, den er sich giebt; ob es ihm
gleich nicht gelingen will, alle irdische Schwe=
re und Trägheit abzulegen und sich ganz im
ätherisch=wallenden Gewande der Erde zu
entschwingen. — Auch bey dieser Annähe=
rung zum Punkte, auch bey diesem Auf=
schwunge zur Krone fühlt man schon eine
Würde und Erhabenheit, die uns über alles
geht,

geht, was Sättigung unserer Begierden geben kann.

Man würde aber daraus, daß man das Gute um des Guten, und nicht um der Folgen wegen, wollen und thun solle, sehr ungerecht folgern, daß man es aus gar keinem andern unmittelbaren Grunde z. B. der Liebe Gottes thun dürfe. Der lezte allgemeine Grund unsers Wollens bleibt freylich immer dieser: „Strebe nach dem, was dir deine Vernunft als gut und recht darstellt;‟ aber der nächste unmittelbare darf auch jeder andere seyn, der aus jenem abgeleitet ist. So sagt uns ja selbst unsre Vernunft, daß es gut, recht und pflichtmäßig sey, Gott, die höchste Vollkommenheit, den besten Vater und Wohlthäter, über alles lieben, und alles aus Liebe zu ihm thun. *) Auf gleiche Weise

*) Liebe Gottes, des Vollkommnesten, ist ja ohnehin eigentlich nichts anders, als Hochschätzung und Liebe der höchsten sittlichen Vollkommenheit. Selbst dankbare Liebe zu

se sagt uns unsre Vernunft, daß es gut und recht sey, seinen Mitbruder, wie sich selbst, lieben, und diese Liebe zum Grunde seiner wohlwollenden und wohlthätigen Handlung machen.

Es ist hier noch bemerkenswerth, daß selbst die Kenntniß und Liebe Gottes auf unsern Grundsatz zurückwürke und ihm zum Behufe menschlicher Schwachheit eine höhere Sanktion ertheile, als er sonst nicht haben würde. Freylich mag selbst der Atheist das sittlich Gute, mittels seiner reinen Vernunft, als das schätzbarste aller Güter und hieraus die Verbindlichkeit einsehen, nach dieser Kenntniß zu handeln. Er findet sich berechtigt und gedrungen, sowol sich als andre einzig nach dem Maaße dieser reinen Achtung

gegen

zu ihm würde keine wahrhaft dankbare, würde eine sehr unedle niedrige Liebe seyn, wenn man dabey nur das Angenehme, das uns durch seine Wohlthaten wird, und nicht zugleich das sittlich schöne Wohlwollen, mit dem er sie giebt, lieben und hochschätzen wollte.

gegen das sittlich Gute zu loben und zu tadeln, zu schätzen und zu verachten. Auch für ihn gilt also das Gesetz: „Strebe dem nach, was dir deine Vernunft als gut und recht darstellt." Allein dieß Gesetz erhält bey dem Atheisten niemals jenen Nachdruck, den es bey dem Kenner und Verehrer Gottes erhält. Dieser zieht selbst aus der Kenntniß und Liebe Gottes einen neuen Grund, in allem dem Ausspruche jener reinen Vernunft zu gehorchen, die ihm zuerst reine Kenntniß und Liebe Gottes als gut anpries. Denn da er die Vernunft, ihre Einrichtung und ihr reines Kenntnißvermögen selbst als ein Geschenk Gottes ansehen muß, so wird ihm das, was Vernunft sagt, zugleich heiliger, wohlthätiger Ausspruch Gottes. Ermuntert sich der Atheist mit dem Grundsatze: „Strebe dem nach, was dir deine Vernunft als gut und edel anpreiset;" so weis sich der Gottesverehrer durch eine weit höhere Sanktion aufzufodern: „Strebe dem nach, was dir Gott durch deine Vernunft als gut und edel darstellt." — Der glaubige Christ giebt der

Auffoderung seiner selbst noch einen neuen Zusatz von Kraft und Licht, wenn er sagt: „Strebe dem nach, was dir Gott durch deine Vernunft und durch das laute Wort seiner eignen ewigen Weisheit, durch Jesum, als gut, recht und edel anpreiset."

Ich denke, man sollte nun nicht mehr gar zu viel Aufhebens mit menschlicher Schwachheit machen, nicht mehr die Anempfehlung reiner Tugend für so sehr überspannte Foderung halten; daß man sie besser gar nicht an die Menschen thun sollte. Wenn gleich der oberste Grundsatz eben darum, weil er der oberste allgemeine ist, etwas zu Abstraktes oder Abgezogenes haben mag, als daß er für alle Fälle und Menschen hinlängliche Kraft und Wärme ertheilen könnte; so bieten sich doch im Fortgange der Folgerungen bald solche dar, die diese Lücke immer mehr ausfüllen, und, ohne der reinen Tugend von einer andern Seite Abbruch zu thun, ihn selbst verstärken helfen. Freylich, so lange man einzig bey jener Philosophie stehen bleibt, die

nie

nie eine Rücksicht auf Gott und Religion nehmen will, wird es schwerer, die Foderung der reinen Tugend für den größern Haufen der Menschen angemessen zu finden. Darum ward uns aber auch Fähigkeit zur Kenntniß Gottes, der Religion und selbst der Offenbarung, nicht um jene strenge Auffoderung zur reinen Tugend, welche schon die Vernunft an uns ergehen läßt, zu mißkennen, sondern um ihre Erfüllung zu erleichtern. Die Schulwissenschaft mag doch mit offner Hinweisung auf das praktisch-unzulängliche, um deutlicher Einsicht willen, hier manches trennen; aber die praktische Anweisung zur Lebensweisheit muß alles wieder vereinigen, was einzeln für den großen Haufen zu kalte Spekulation seyn und zu unkräftig wirken möchte. Der Lehrer der Religion soll nie unterlassen, bis auf die oberste Kenntnißquelle der Sittlichkeit zurückzugehen; weil sich hiedurch selbst seine Begriffe von Gott, und, wie wir noch hören werden, von der Zukunft läutern; die Vernunftmäßigkeit und andere Gründe seiner Religion befestigen; und die

Einsicht

Einsicht in den Geist dessen, was Religion und Offenbarung zur Besserung der Menschen, zur Beförderung reiner hoher Tugend lehret, erweitert. Er wird seiner Gemeinde kein, wie sich Teller ausdrückt, bloßes mageres Gerippe der Tugend ohne Saft und Kraft der Kenntniß und Verehrung Gottes vorlegen; aber wenn er als erfahrner Arzt heilen will, muß er zum voraus auch als ein erfahrner Zergliederer selbst das bloße magere Gerippe kennen — weil doch der Knochenbau immer die Grundlage des ganzen Körpers ist, ohne welche selbst die saft= und kraftvollen Theile keine Haltungs= und Vereinigungs=punkte hätten.

―――

Es bleibt uns noch übrig, etwas von dem Verfahren derjenigen zu sagen, welche die Erweckung zur Liebe des Guten auf dessen Folgen zu bauen für so nöthig, und doch wieder diese Bauart mit unsrer Grundlage der innern Vortreflichkeit und Kennbarkeit des sittlich Guten nicht vereinbarlich finden. Laßt

aßt uns erst von jenen Annehmlichkeiten reden, die das Gute für dieses Leben mit sich führt.

Da ist es dann eine sehr mißliche Sache, das Gute wegen der vortheilhaften Folgen empfehlen, wenn diese Folgen nicht in nothwendiger oder gewisser Verbindung mit dem Guten und ausschlußweise nur mit dem Guten stehen; wenn sie, wie es meistens bey den Annehmlichkeiten dieses Lebens der Fall ist, sich eben sowol in der Gesellschaft des Zufalles und der weltklugen Bosheit finden. Eine morschere Stütze könnte man der Liebe zum Guten schwerlich geben, da sie zugleich eine Lockspeise zur Trägheit, die sich auf's Ohngefähr, und zur Bosheit, ist, die sich auf Heucheley und verwickelnde Feinheit verläßt. — Selbst wenn die angenehmen Folgen in einer, allen Umständen nach, ziemlich sicheren Verbindung mit dem Guten stehen, so liebt doch der, der nur um dieser willen das Gute thut, nicht das Gute, sondern seine eigne Vortheile. Man handelt darum in
diesem

diesem Falle noch nicht gut und tugendhaft, weil man diese Folgen zur Absicht hat; aber man erhält sie, weil man gut und tugendhaft handelt.

Man wende hier nicht ein, daß man wenigst durch die Freude und Frohheit eines guten Gewissens, durch die Ruhe und Heiterkeit, durch das Angenehme der Liebe Gottes und des Nebenmenschen, durch alle diese Folgen, die uns die Tugend nothwendig gewährt, zur Tugend ermuntern dürfe. Allerdings darf man's; aber alle diese Folgen sind dann erst möglich, wenn vorläufige Hochschätzung und Liebe zum Guten wegen seines innern Werthes in der Seele ist. Wie könnte uns das Bewußtseyn des Guten hohe Freude machen, wenn sich das Gute nicht schätzbar und achtungswürdig darstellte? Wie die reine Liebe Gottes und die uneigennützige Liebe des Nebenmenschen uns Wonne seyn, wenn uns die Recht- und Vernunftmäßigkeit dieser Liebe nicht mehr gälte, als alle die sinnliche Lust und die eigennützigen Vortheile, die wir dafür aufopfern? Wie

könnte

könnte uns der Besitz der Tugend eine solche Heiterkeit und Ruhe gewähren, wenn uns nicht die innere Güte der Tugend in dem hohen Werthe erschiene, daß dagegen jeder andre Vortheil und Verlust uns zu klein dünkte, um ihn mit dem Besitz oder Verlust der Tugend in eine Vergleichung zu bringen, um nicht gefaßt, heiter und ruhig darüber wegzusehen? — Wer zu guten Gesinnungen und Thaten durch die reinen unzertrennlichen Freuden der Tugend ermuntern will, ermuntert zur Hochschätzung der Tugend an sich selbst, und muß die innere Schätzbarkeit derselben, ohne die alle diese Freuden nicht möglich wären, voraussetzen. Da nun gleichwohl solche Ermunterungen so häufig sind, so zeigt sich ja wieder eben dadurch, daß man die Liebe des Guten um des Guten, um seiner innern Vortreflichkeit willen, für gar wohl möglich und zuträglich halte. — Wollte jemand Gutes thun, nicht weil er dieses an sich, sondern dessen Folge, die Freuden des frohen Bewußtseyns schäzte, so weis dieser wahrlich nicht, was er will; denn sein
Wollen

Guten und des Bösen gegeneinander zu halten, und aus der Vergleichung zu zeigen, daß wenigst insgemein, obgleich mit mancher Ausnahme, der Böse auch in Rücksicht der Güter und Annehmlichkeiten dieses Lebens schlimmer daran sey, als der Gute. Indeß kann und soll dieß nur dienen, um den Reizen, die auf verderbliche Wege loken, ein Gegengewicht durch jene sinnliche Freude, die das Gute verheißt, zu verschaffen, und, da man so Sinnlichkeit mit Sinnlichkeit bekämpft und niederschlägt, der Vernunft gleichsam Luft zu machen, daß sie sich um so freyer regen und durch Abscheu vor der innern Häßlichkeit des Bösen, durch reine Achtung für das Gute zur Vollbringung des Guten bestimmen möge. Aber das Gute einzig durch Vorhaltung solcher Annehmlichkeiten annehmlich und achtungswerth machen wollen, ist vergeblich, und sowol der gebührenden Werthschätzung, als Ausübung reiner Tugend nachtheilig. Viel besser thut man, wenn man
sich

sich durch dargelegte Nutzbarkeit der Tugend, durch die großen Nachtheile des Lasters, erst einen Weg zum rohen sinnlichen Herzen bahnt, dann aber auch nicht unterläßt, die Tugend — Gottes-Nächstenliebe, und jede darunter begriffene Pflichthandlung — in ihrer eignen Würde und Schönheit, jedes Laster in ihrer eignen Niedrig- und Häßlichkeit, der immer regen und nach höherm Gute strebenden Seele vorzulegen. So vom Sinnlichen zum Geistigen aufsteigen räth die Klugheit; aber das Geistige nur durchs Sinnliche empfehlen ist — wie man's nennen will — gewiß keine Quelle reiner Tugend und Sittlichkeit. So lange sich keine Hochachtung und Schätzung des Guten an sich in dem Menschen regt, so lange hat auch sein Wollen und Handeln keinen sittlichen Gehalt. Alles, was man sonst immer durch sinnliche Triebfedern bewirkt, mag entfernte Zubereitung, kann aber nie wirkliche Erweckung zur Tugend, heißen.

Ganz anders verhält's sich, wenn ich die Abwendung gewisser schädlichen, die Erzielung gewisser vortheilhaften Folgen selbst als Pflicht darstelle. Da wird nicht die Folge blos als eine sinnliche Triebfeder zum Guten, sondern selbst als gut, als ein Gegenstand der Pflicht und nicht der Neigung betrachtet. Zur Mäsigkeit ermuntern, weil sie Gesundheit und muntere Kräfte bewahrt, ist allerdings gut; wenn man die Bewährung unsrer Kräfte und Gesundheit selbst als Pflicht, als gut und recht für sich, als eine dankbare Bewahrung göttlicher Geschenke zu einem Gott gefälligen Gebrauche anpreiset.

Auf gleiche Weise ist es dem Tugendlehrer nicht nur erlaubt, sondern höchst angemessen und rühmlich, die Annehmlichkeiten dieses Lebens aus einem solchen Gesichtspunkte, und mit einer solchen Wendung darzustellen, daß sie mittelbar zur Liebe und Achtung der innern Würde der Tugend hinführen, da sie solche unmittelbar zu bewirken ganz nicht tauglich sind. So lassen sie sich alle als

Wohl-

Wohlthaten Gottes, die dadurch zu erweckende dankbare Liebe als Pflicht, und diese als Beweggrund aufstellen, alles, was aus Gottes Händen kömmt, mit froher Ergebenheit zu empfangen, und was von seinem Willen zeugt, mit freudiger Folgsamkeit zu erfüllen.

―――――

„Wenn auch die seligen oder widrigen Folgen unserer Handlungen, die uns dieses Leben zeigt, wenig unmittelbare Erweckung zur Tugend geben können oder dürfen, so werden doch die seligen Folgen der Zukunft kein Ermunterungsgrund seyn, der sie mehr herabwürdigt, als erweckt. — Und doch scheint es, daß die Tugend, wenn sie eigne Würde und Schönheit hat, auch nicht einmal um der Folgen der Zukunft willen dürfe geübt werden, ohne den Handelnden in Gefahr zu bringen, nicht die Tugend, sondern den Himmel zu lieben; nicht das Laster, sondern die Hölle zu verabscheuen."

Ein Mensch, der sich die Seligkeit, oder Vermeidung der Unseligkeit des künftigen Lebens zum Hauptzwecke machte, und das Gute, ohne es an sich zu lieben, blos darum vollzöge, weil es ein Mittel zu seinem Zwecke wäre; würde ein im Herzen sehr ungebesserter und unvollkommner Mensch bleiben, und sich gerade dadurch des Zweckes, wornach er strebt, gar nicht würdig bezeigen. In diesem Falle könnte er die Verfassung seines Gemüths etwa so ausdrücken: „Ich würde mich wenig um tugend- und lasterhafte Handlungen bekümmern, wenn es nur ein anders Mittel gäbe, meinem Unglücke in der Zukunft zu entgehen, oder meines Glückes habhaft zu werden, als jene zu thun, und diese zu meiden."

Nur der Liebe zum Guten ist Seligkeit verheissen, und wer nur auf Seligkeit sieht, hat so wenig eine Liebe zum Guten, als der Soldat zum Vaterlande, der, um Stockschläge zu meiden oder Trinkgeld zu erhalten, die militärische Vorschriften übet, deren fertige

tige Beobachtung zur Vertheidigung des Waterlandes so viel beyträgt.

Es läßt sich also auch hier wiederholen, was von den Folgen unserer Thaten und dieses Lebens gesagt worden. Lohn und Strafe der Zukunft mag ein Mittel seyn, daraus auf die hohe Würde und Schätzbarkeit des Guten zu schließen; den Reizen zum Bösen ein Gegengewicht zu geben, und die für das Gute achtungsvolle Vernunft von diesem fremden Drucke zu befreyen; sich zum rohen, sinnlichen Herzen den ersten Weg zu bahnen, um es allmählig zu reiner Achtung und Liebe der Tugend zu erheben; darinn die Allgüte des Ewigen schauen zu lassen, um zur thätigen Dankbarkeit zu ermuntern — aber nie ein Mittel, um unmittelbar die Tugend darauf zu gründen. Wenn künftiger Lohn der Hauptzweck unserer Handlungen seyn dürfte, so müßte auch Lohnsucht die allgemeine Haupttugend seyn, und das Streben nach Lohn das Hauptverdienst ausmachen, wodurch man sich würdig machte, belohnt zu werden.

Wir müßten uns Gott gleich unsern schwachen Regenten vorstellen, denen es am Ende genügt, durch ausgesezte Preise die gemeinnützigen Thaten zu erhalten, und durch angedrohte Strafen die gemeinschädlichen zu hindern — der Handelnde mag auch im Herzen gesinnt seyn, wie er wolle, das Verbothne lieben, und das Befohlne hassen, wenn er nur jenes meidet, und dieses thut, weil er Streiche befürchtet, oder Gewinn hoffet. — Aber so eine Hofnung künftiger Seligkeit gründet sich auf einen Begriff, den sich kein Gottesverehrer von Gott machen darf, ohne ein Lästerer zu werden. Der Liebe des Guten, nicht der Liebe zum Lohn, ist Lohn und Seligkeit verheissen.

Wir haben bisher die Folgen der Zukunst, Lohn und Strafe für die Gesinnungen und Thaten dieses Lebens nur so im gewöhnlichen Sinne, und unter Begriffen betrachtet, die man sich insgemein davon zu machen pfleget. Allein wer hier etwas genauer forscht und überdenkt, dem stralet ein Licht entgegen, das

im

im hellen Tage manche Fehltritte bemerken läßt, die man beym dunkeln Nebel für Fortschritte auf der rechten Strasse annahm. Es ist nämlich bey einer verworrenen Vorstellung künftiger Freuden (auf unselige Leiden läßt sich die Anwendung leicht machen) große Gefahr, daß man sich das, was man Himmel nennt, einzig als einen Ort voll sinnlich überfließender Lust denkt. Gleichwohl würde der Verehrer der reinen Tugend in Versuchung gerathen, ihn zu verachten, wenn er nichts weiters, als dieses wäre. Alle Lust, die man für sich ohne sittliche Güte, als Vergnügen und Lust denken oder empfinden kann, giebt ihm keine Würde, und er findet, daß er sich darum um nichts höher gehoben, um nichts achtungswerther ansehen könnte, wenn ihm nur höheres Vergnügen zu Theil würde. Er will höhern Werth, höhere Würde, und den Grund zu höherer Achtung seiner selbst. Diese kann ihm nichts gewähren, als höhere Liebe zu allem Guten, höhere, von widerstrebenden Neigungen ungestörte, sittliche Vollkommenheit, höhere Liebe des

voll

vollkommnesten Wesens, innigere Liebe seiner vernünftigen Mitgeschöpfe, höhere, weiter zur Ausübung alles Guten um sich her reichende Wirksamkeit — mit einem Worte: Er will, wenn künftige Seligkeit seiner Achtung und Hochschätzung werth seyn soll, zum Lohne für seine Tugend auf Erden, ganz vorzüglich höhere Tugend und sittliche Güte im Himmel. Das sittlich Gute geht ihm hier schon über alles, was wir angenehm und vergnügend nennen; und er sollte sich dort nur Erhöhung im Genusse des Angenehmen, und nicht Erhöhung in der Liebe zu allem Guten denken? —

Dieser Begriff ist gewiß der würdigste, den man sich vom Reiche Gottes in der Zukunft zur Ehre seines Stifters machen kann; ist gewiß derjenige, der den genauen Zusammenhang unserer gegenwärtigen mit der künftigen Periode, unserer Vervollkommnung hier mit der Emporhebung zu höherer Vollkommenheit dort, im hellsten und reinsten Lichte, zeigt. Wer diesen Begriff hat, der mag und

soll

öll einzig um des Himmels, einzig um künftiger
Belohnung willen tugendhaft seyn. Denn er
bt das Gute nur um des Guten, die Tugend
um höherer Tugend willen, nach der er
bt und die er hofft. Sein Himmel ist der
hnsitz der Tugend und Vollkommenheit,
die Belohnung seiner Tugend ist Tu-
. Die reine Achtung der sittlichen Güte
uns den Himmel, ihr eigentliches Wa-
d, werth, nicht der Himmel die sittliche
erst schätzbar machen. Die reine Kennt-
b Achtung des sittlich Guten muß vor-
n, um nicht unwürdig von dem Lohne
en, der uns werden soll.

nn hier jemanden die unserm Zeitalter
wöhnliche Lust anwandeln sollte, über
annte Schwärmerey los zu ziehen,
nen wir, da unsre Wenigkeit zu we-
hrung verschaffen möchte, noch ein
nner von ganz ähnlichen Gesinnun-
eser Sache vorführen, wenn nicht
n bey den Namen derselben diese Lust
en sollte.

„Das

„Das System von der innern Güte der Tugend. — sagt Garve in seinen Anmerkungen zu Fergusons Moralphilosophie — hat der Religion gefährlich geschienen; weil man glaubte, daß es die Belohnungen unnöthig machte. Aber man sage mir: welches sollen diese Belohnungen seyn, die man der Tugend in einem künftigen Leben verspricht? Sind es Vergnügungen, die uns von außen zufließen; Eindrücke, die andre Dinge auf uns machen, so wie es die sinnlichen Empfindungen jezt sind? Nun, so sage irgend jemand, warum diese Vergnügungen nicht hier schon geschätzt und gesucht werden dürfen; warum sie der Tugend zu Ehren aufgeopfert werden sollen, da die Tugend nichts bessers anzubieten hat? — — Bestehen aber diese Belohnungen (der Zukunft) in einer größern Ausbreitung unsrer Wirksamkeit; sind es neue Gelegenheiten, die uns zu Handlungen verschafft werden; ist es ein höherer Posten, der uns anvertraut werden soll: nun, so muß doch wahrhaftig in der Handlung selbst etwas gutes liegen; so muß es auch schon in den guten Hand-

Handlungen liegen, die wir hier thun; so
uß die Tugend um ihrer selbstwillen gewählt
erden, weil nur die Tugend die **Belohnung**
Tugend seyn kann."

"Wie — fragt Kant in seinen Träumen
Geistersehers — ist es denn nur darum
tugendhaft zu seyn, weil es eine andre
giebt; oder werden die Handlungen
ielmehr hereinst belohnt werden, weil
sich selbst gut und tugendhaft waren?
das Herz des Menschen nicht unmit=
ittliche Vorschriften, und muß man,
allhier seiner Bestimmung gemäß zu
durchaus die Maschinen an eine
elt ansetzen? Kann derjenige wohl
kann er wohl tugendhaft heißen,
h gern seinen Lieblingslastern erge=
, wenn ihn nur keine künftige
eckte; und wird man nicht viel=
müssen, daß er zwar die Ausü=
osheit scheue, die lasterhafte Ge=
in seiner Seele nähre; daß er
der tugendähnlichen Handlun=
gen

gen liebe, die Tugend aber haſſe? Und in der That lehret die Erfahrung auch, daß ſo viele, welche von der künftigen Welt belehrt und überzeugt ſind, gleichwohl der Niederträchtigkeit und dem Laſter ergeben, nur auf Mittel ſinnen, den drohenden Folgen der Zukunft argliſtig auszuweichen: aber es hat wohl niemals eine rechtſchaffene Seele gelebt, welche den Gedanken hätte ertragen können, daß mit dem Tode alles zu Ende ſey, und deren edle Geſinnung ſie nicht zur Hoffnung der Zukunft erhoben hätte. Daher ſcheint es der menſchlichen Natur und der Reinigkeit der Sitten gemäßer zu ſeyn, die Erwartung der künftigen Welt auf die Empfindungen einer wohlgearteten Seele, als umgekehrt ihr Wohlverhalten auf die Hofnung der andern Welt zu gründen."

———

Ich will dieſen und den vorhergehenden Abſchnitt mit den Gedanken eines Mannes beſchlieſſen, der ſein Leben bis zum Anfange des vorigen Jahrhunderts erſtreckte, und der

uns

uns allenfalls zum Beweise dienen kann, wie
die Vernunft aufgeklärter Weltweisen schon
ange vor uns über wahre sittliche Güte und
echtschaffenheit gedacht habe. Die Stel-
n, die ich nicht immer den Worten, aber
h dem Sinne nach anführen will, sind aus
arrons Buche von der *wahren Weisheit*
ommen, und stehen in des ersten Theiles
tem Buche, drittem Kapitel von der
ren und wesentlichen Rechtschaffenheit.

Es giebt — sagt dieser Weltweise — eine
von Rechtschaffenheit. Diese sind die
ungen, die das Gesicht, aber nicht die
der Tugend haben, indem sie von ver-
en oder bösen Triebfedern herrühren.
st keusch, nüchtern, mässig; nicht,
Geist stark, sondern weil der Körper
ist. Man verachtet den Tod, ist im
gedultig, in Gefahren standhaft;
veil unsre Seele zu groß, um davon
u werden, sondern weil sie zu klein,
tig oder leichtsinnig ist, um sie ganz
men. Tapferkeit, Freygebigkeit,
selbst

selbst Gerechtigkeit kann vom Ehrgeize; Bescheidenheit und Vorsicht von der Furcht und vom Geize entsprungen. Wieviele schöne Thaten sind nicht Töchter des Stolzes? Wieviele des Vortheiles, Ruhmes, der Gewohnheit und anderer solcher Ursachen, die außer uns liegen? Wieviele selbst der Einfalt und Dummheit? — Weisheit und Dummheit treffen oft auf den nähmlichen Punkt zusammen, und zeigen bey den schwersten menschlichen Unfällen im gleichgültigen Thoren ein eben so heiteres Angesicht, als im erhabnen Weisen. Solche Thaten aus solchen Triebfedern, oder aus solchem Mangel an Einsicht und Treibkraft sind nur eine Larve der Rechtschaffenheit."

„Wie es eine solche falsch geschminkte, so giebt es auch eine schulmässige, pedantische Rechtschaffenheit. Sie ist eine Folge von Zwang und Furcht, besteht in einer sklavischen Unterwürfigkeit und Achtung gegen Gesetze, Gewohnheiten, Befehle und Formalien. Es giebt Leute, welchen die Tugend

gend und Unschuld nichts anders, als aus
ängstlicher Furcht gefallen will.

Die wahre Rechtschaffenheit aber, die ich
an dem, der weise seyn will, fodere, ist un,
gebunden und frey, männlich und edelmü,
thig, sich gleich, einförmig und beständig;
sie geht mit vestem, kühnen und erhabnen
Tritte ihren Gang fort, ohne seitwärts oder
ängstlich hinter sich zu blicken, ohne sich nach
Wind und Wetter und nach Gelegenheiten
zu ändern. Die Triebfeder dieser Rechtschaf,
fenheit aber ist das Gesetz der Natur, das ist,
die allgemeine Vernunft, die allgemeine
Billigkeit und Rechtmäsigkeit, welche in ei,
nem jeden von uns glänzt und leuchtet. Ein
Rechtschaffner handelt also nach Gott. Denn
jenes natürliche Licht ist ein Glanz und Stral
der Gottheit, ein Ausfluß des ewig= und
göttlichen Gesetzes. Er handelt aber auch
nach sich; da er nach dem handelt, was das
edelste und reichste in ihm ist. Er ist nicht
zufälliger Weise und gelegenheitlich, sondern
wesentlich ein redlicher Mann. Denn dieses

O   Gesetz

Gesetz und Licht ist wesentlich und natürlich in uns, daher es auch Natur, und Gesetz der Natur heißt. Es ist beständig in uns ein immerwährendes Gesetz, ein Edictum perpetuum. Es darf nicht übertretten, und kann auch nie aufgehoben und abgeschafft werden. Die Ungerechtigkeit selbst kann es nicht unterdrücken; ihr Wurm wird nicht sterben. — Warum willst du Gesetze und Regeln in der Welt anderwärts suchen? Was kann man dir anführen oder sagen, das du nicht bey und in dir hast, wenn du dich nur recht befühlen, und selbst hören willst? Man muß dir antworten, wie dem losen Bezahler, der immer Aufflüchte sucht, und am Ende wieder das Schuldenverzeichniß fodert, das er doch schon in der Tasche hat. — Alle Gesetztafeln, die zwo des Moses, und die zwölfe der Griechen, und alle gute Gesetze der Welt sind weiter nichts, als Kopeyen und Auszüge von dem Originale, das in dir ist. Ersticke dieses Licht nicht, welches dich innerlich erleuchtet, wie jene, welche die Wahrheit Gottes durch Ungerechtigkeit verdunkeln.

Alle

Alle gute Gesetze sind Bäche, die aber weder so vieles, noch so helles Wasser halten, als die Quelle, die in dir ist. Nicht so vieles: denn wie vieles erfodert nicht Gottseligkeit, Menschlichkeit, Freygebigkeit, Treue und Glauben, das im Gesetze nicht geschrieben steht! Elende Rechtschaffenheit der Formalisten, die bey den Worten des Gesetzes stehen bleibt, und damit glaubt, alles gethan zu haben! Wie vieles liegt uns nicht noch ausser dem ob? Was für arme Unschuld ist es nicht, blos gesetzlich gut seyn! Die Vorschrift der Billigkeit erstreckt sich weiter, als die Vorschrift des Rechts. — Auch nicht so helles Wasser: denn wenn man sie recht verstehen und ihre Absicht wissen will, so muß man sie beym Lichte der allgemeinen Vernunft beschauen. Vernunft und Billigkeit ist die Seele des Gesetzes. Wer nach diesen wandelt, geht seine Wege ruhig und still, unbemerkt und ohne Geräusche, wie ein Schif, das von dem ordentlichen und natürlichen Strome des Wassers fortgetrieben wird. Jede andre Rechtschaffenheit wird durch

Kunst

Kunst und zufällige Zucht eingepfropft, und ist, wie die Hitze und der Frost des Fiebers, veränderlich, bald feurig und muthvoll, bald ängstlich, furchtsam und träge."

"Wahrhaftig, die Natur ist bey einem jeden von uns eine Lehrerinn zugleich voll Nachdruck und Sanftheit, wenn wir sie nur recht hören, anwenden und erwecken wollen. Es ist gar nicht nöthig, die Mittel und Vorschriften, welche wir brauchen, außerhalb zu suchen und bey Künsten und Wissenschaften zusammen zu betteln. Jeder von uns, wenn er nur wollte, würde recht bequem von dem Seinigen leben. Um vergnügt und glücklich zu leben, muß man eben nicht gelehrt, ein Hofmann oder außerordentlich geschickt seyn. Wir sehen, daß Unwissende, Ungelehrte und einfältige Leute weit ruhiger und fröhlicher leben, und den Anfällen des Todes, der Dürftigkeit und des Schmerzens gelaßner und standhafter Widerstand thun, als die Gelehrtesten und Geschicktesten. Und wenn man
genau

genau darauf merkt, so wird man unter den Bauern und andern armen Leuten reinere Beyspiele der Geduld, der Standhaft = und Gleichmüthigkeit antreffen, als alle die sind, welche die Schule lehrt. Sie folgen gerade= hin der Anleitung der Natur, das ist, der allgemeinen Vernunft, und gehen, ohne sich zu erhitzen oder zu erheben, in ihren Geschäf= ten ganz sachte und gelassen, folglich weit ge= sünder, fort. Wir ziehen die Kunst, die je= ne einfache und offene Tugend in eine dunkle Wissenschaft verwandelt, der Natur vor, machen am hellen Mittage der gesunden Ver= nunft die Läden vor den Fenstern zu, und zün= den unsre philosophische Lichtlein an. — "

„Die wahre Rechtschaffenheit, jene Grundveste der Weisheit, ist also diese: Der Natur, das heißt, der Vernunft fol= gen. Das Glück, das Ziel, der Endzweck des Menschen; das, worinn seine Ruhe, seine Freyheit, seine Zufriedenheit, mit ei= nem Worte, seine Vollkommenheit in dieser

Welt

Welt besteht, ist, nach der Natur leben und handeln, und dem, was sein Vortreflichstes ist, die Vernunft als seine Führerinn und Herrscherinn erkennen. Die Rechtschaffenheit ist ein vester Vorsatz des Willens, dem Rathe der Vernunft zu gehorchen."

XI.
Versuch, das näher zu bestimmen, was mir meine Vernunft als gut und recht vorstellt.

Wir haben auf die Frage: „Was ist sittlich gut?" keine andere zureichende Antwort, als diese gefunden: „Was dir deine Vernunft unabhängig von allen Folgen unserer Handlungen, unabhängig von aller Erfahrung und Authorität als sittlich gut darstellt."

Daraus ergab sich die ganz natürliche Folgerung, daß man das Gute nicht um irgend

gend einer angenehmen Folge, sondern einzig um seiner selbst willen lieben müsse. Das oberste Prinzip aller Sittlichkeit könnte dann kein anders, als dieses seyn: "Thue, was dir deine Vernunft als gut und rechtmässig darstellt und meide das Gegentheil." Nichts kann dir den hohen Werth sittlicher Güte geben, als thun, was und weil du es als sittlich gut erkennest. Nun läßt sich aber das Gute und Rechtmässige nirgend anders woher, nirgend aus einer Folge unsrer Handlungen, sondern einzig daraus als gut und rechtmässig erkennen, weil es dir deine Vernunft, Kraft ihrer innern Einrichtung, als gut und rechtmässig vorhält. Strebe also nach dem, was dir, und weil es dir deine Vernunft als sittlich gut vorstellt. — Das würde so ziemlich mit der Vorschrift jenes zärtlichen und thätigen Weisen übereinstimmen, der den Inbegriff alles Guten, wozu er ermahnte, in die Worte zusammenfaßte: "Endlich, meine Brüder, alles, was wahrhaft, was ehrbar, was gerecht, was rein, was liebenswürdig, was löblich ist, jede Tugend, und

jede

jede schöne That sey euer Bestreben. *)"
Wer eine Gemeinde so zu allem Guten und
Reinen ermuntert, rechnet gewiß nicht auf
tiefsinnige Entwicklung, sondern auf ein natürlich jedermann bewohnendes Licht der Vernunft, die uns ohne Umschweife sagt, was
gut und rein sey.

Indessen, wenn man auch wider alles
dieses mit Grunde nichts einwenden mag; so
ist es doch eine dem Verlangen nach Licht
und Deutlichkeit ganz angemessene Forschbe-
gierde, die uns weiter zu fragen bringt:
„Was ist denn das, was mir meine Vernunft als gut und rechtmässig vorstellt? Läßt
sich dieß nicht näher bestimmen? So scheint
es einen zu weiten, einen zu wenig bestimmten, zu vagen Umkreis auszudrücken, der
keine ausgesteckte Gränzlinie, keine festgestell-
ten Gränzpunkte auszeigt, an die sich unser Verstand ohne Zerstreuung und Umherir-
ren halten möge."

Könn-

*) An die Philipper. IV. 8.

Könnten wir auch solche Gränzpunkte nicht näher bestimmen, so bleibt der angegebne Grundsatz zur Kenntniß und Erreichung der sittlichen Güte noch immer hinlänglich. Gleichwohl darf uns aber auch eine hellere Darlegung desselben, wenn sie unsre Kräfte nicht übersteigt, in einem so wichtigen und alles Nachforschens würdigen Gegenstande nicht gleichgültig seyn. Laßt uns einen Versuch machen.

Wenn unsre Vernunft sagt: „Das ist gut und recht;" so will sie damit niemal nur so viel sagen: „Ich erkenne es als gut und recht; eine andre Vernunft mag es etwa anders ansehen — Ich erkenne es als für mich recht, für andre mag es unter eben den Umständen nicht gut und nicht recht seyn." — Nein! sie denkt es so allgemein gut, daß es jede andre Vernunft auch als gut erkennen müsse, jeder andre Wille auch als recht wollen und thun dürfe. Der Mensch, der seine Handlung sittlich gut finden will, muß sie würdig des Beyfalles aller denken, wenn

er

er sie thut; und würdig seines Beyfalles, wenn sie auch von allen andern Menschen gethan wird. Er denkt sich nicht nur seine Vernunft so denkend, sondern jede andre Vernunft gleichdenkend; nicht nur sich, sondern jeden andern dazu gleich berechtigt.

Er muß sich also alle Weisen und edeln Menschen, alle höhere Geister und Gott selbsten vorstellen und fragen dürfen: „heißen sie das auch gut, was meine Vernunft gut heißt?" Und kühn und unverlegen antworten können: Ja! — oder hat es ihren Beyfall nicht, so darf es auch den Beyfall seiner Vernunft nicht haben. — Er muß fragen können: „dürfen das, was ich thue, auch alle übrige Menschen thun?" Und antworten können: Ja! — oder dürfen sie's nicht, so darf's auch er nicht.

All dieses läßt sich auch so ausdrücken: Die einzelne Vernunft, wenn sie sich vorschreibt, was als gut zu thun, oder als böse zu meiden sey, denkt sich als eine allgemeine

Ver-

Vernunft und das einzelne Gesetz, das sie sich giebt, als ein allgemeines Gesetz. *) Der Grundsatz: "thue, was dir deine Vernunft als gut und recht darstellet" läßt sich also schon etwas näher dahin bestimmen: "thue, was dir deine Vernunft als des allgemeinen Beyfalles würdig, als allgemein recht- und gesätzmässig darstellt."

Schon hieraus, dünkt mich, erscheint uns das Prinzip der Sittlichkeit mehr lichtvoll, und leichter anwendbar. Doch laßt uns in der Entwiklung noch weiter fortschreiten. — Alle bedürfen der Gewißheit meines Beyfalles, und ich der Gewißheit des Beyfalles

---

*) Wenn die Kenntniß des sittlich Guten aus der Erfahrung genommen wäre, so ließe sich schwer begreifen, wie die Vernunft dazu komme, mit solcher Zuversicht ihren Beyfall und ihre Vorschrift als allgemein, für jedes vernünftige Wesen gültig, zu erkennen. Dieses mag nicht der Eindruck von außen, der nie eine Allgemeinheit erreicht, sondern nur ihre wesentliche Einrichtung von innen bewirken.

falles aller, um etwas als gut und recht zu erkennen. Alle dürfen nur das als gut wollen und thun, was unter denselben Umständen auch ich thun darf; und mir kann nichts erlaubt seyn, was es unter gleichen Umständen jedem andern nicht auch ist. Jedem Handelnden muß jedes andre vernünftige Wesen so achtenswerth seyn, daß er dessen Vernunft und Freyheit eben so viel, als seine eigne ehre. Kein Mensch darf sich als Zweck für alle übrige oben hinan, keiner als Sklave und Mittel für einen andern unten hinabsetzen. Denn da ihm die Vernunft und Freyheit aller und jeder nothwendig so ehrwürdig, als seine eigne, seyn muß, so würde er alle und jede andre vernünftige Wesen eben so wohl, wie sich, als Herren oder Sklaven; als oberste Zwecke, oder als untergeordnete Mittel, betrachten müssen. Dieses gäbe aber nur offenbare Widersprüsprüche; lauter oberste Zwecke und eben darum kein untergeordnetes Mittel, welches doch der Begriff eines obern Zweckes voraussetzt: oder lauter Mittel und eben darum keinen Zweck, ohne dem sich doch wieder

auch

auch ein Mittel nicht denken läßt. Diesen Widerspruch zu vermeiden, muß jeder sich, aber auch jeden andern als Zwecke für sich selbst, betrachten. Das heißt, bey seinem Wollen und Handeln jede Vernunft und jede Freyheit gleich seiner eignen in Ehren halten. Der angeführte Grundsatz der Sittlichkeit: „thue, was dir deine Vernunft als des allgemeinen Beyfalles würdig, als allgemein recht- und gesetzmäßig darstellet" — läßt sich nun auch so geben: „Handle so, daß du die Menschheit sowohl in deiner Person, als in der Person eines jeden andern, jederzeit zugleich als Zweck, nie bloß als Mittel denkest und brauchest."

Bisher habe ich gesucht, mir (vielleicht auch auch andern) das von Hr. Kant angegebne praktische Grundgesätz der Sittlichkeit klar zu machen. Doch muß ich noch einmal fragen: Was ist das, was allgemein beyfallwürdig und rechtmäßig gedacht, was so gewollt werden kann, daß jedes vernünftige Mitgeschöpf dabey als Zweck und nicht als

Mittel

Mittel betrachtet und gebraucht werde? Oder was ist das sittlich Gute nach einer noch nähern Bestimmung? — Nach meiner Ueberzeugung nichts, als eine solche thätig wohlwollende Liebe gegen andre, vorzüglich vernünftige Mitgeschöpfe, die sich über alle und jede derselben mit all möglich werkthätiger Güte verbreitet, ohne irgend jemand davon auszuschließen, ohne irgend jemand bloß als Mittel zu eigner oder andrer ihrem Besten zu gebrauchen.

Offenbar ist's, daß eine solche Liebe jedem andern Menschen den Werth läßt, den er als Zweck für sich hat, und ihn als solchen behandelt. Offenbar ist's, daß so ein thätiges Wohlwollen den Beyfall und die Achtung der allgemeinen Menschenvernunft für sich hat. Aber auch das ist offenbar, daß niemand sich selbst durch was immer mehr als Zweck behandle, mehr sich selbst als solchen vervollkomme, als durch eben diese wohlwollende Liebe und durch ein fortgesetztes, unermüdliches Streben nach dem Besitze derselben.

Was

Was kann sich die allgemeine Menschenvernunft größers, edlers und vollkommners, was ihres ganzen Beyfalles und ihrer Achtung würdigers denken, als einen Mann mit freudiger, starker, unumschränkter wohlwollender Liebe? — Dem ersten Anscheine nach sollte die Regel, die befiehlt, andere, wie sich, als Zwecke für sich selbst zu denken und zu ehren, eine Menge widriger Zusammenstoßungen so vielerley Zwecke für sich selbst, und aller der Foderungen, die etwa jeder für sich machen könnte, verursachen. Aber das Grundgesetz der wohlwollenden Liebe gegen andre löset alle befürchtete Mißlaute in die vortreflichste Harmonie auf. Durch sie sucht jeder das Beste des Mitmenschen und gründet dadurch zugleich seine eigne höchste, sittliche Würde und Vollkommenheit.

Oder — um es noch einmal zu wiederholen — läßt sich etwas vollkommners und beßers, etwas achtungs- und liebenswürdigers denken, als diese Liebe? Nicht nur unter Menschen erscheint uns nirgendwo eine andre

Voll-

Vollkommenheit, die unsre Hochschätzung und den Namen des sittlich Guten, dieses einzig an sich selbst achtungswerthen Gutes, verdiente, sondern selbst in Gott wird uns keine andre gedenkbar. Was ist uns Gott, wenn er uns kein wohlwollender Vater gegen seine vernünftige Geschöpfe ist? Durch welche andre Vollkommenheit wird er uns der größten Hochachtung und Liebe würdig? Durch keine, wenn sie von seiner wohlwollenden Liebe gegen seine Geister und Menschen, gegen seine Welten und ihre Bewohner getrennt ist. Was wären seine Allwissenheit und Macht anders, als furchtbare, schreckliche Eigenschaften, wenn sie nicht mit Wohlwollen und Liebe vereint wären? Was seine Heiligkeit, wenn ihm nicht das Beste und die Vervollkommnung seiner Geschöpfe heilig wäre? In was für unaufklärbare drückende Dunkelheiten verliert sich unsre Vernunft, wenn wir seine Selbstständig- und Ewigkeit für sich allein denken wollen? Aber eine selbstständige, ewige, allwissende, allmächtige, allreine, wohlwollende Liebe, die

hat

hat unsre freudigste Gegenliebe, unsre tiefste Anbetung, unsre höchste Achtung. *) Um mir diese zur Pflicht zu machen, muß sich Gott mir darstellen, wie ihn der göttliche Weise darstellte: „euer himmlische Vater" — wie ihn dieses göttlichen Weisen reinster und zärtlichster Anhänger darstellte: „Gott ist die Liebe."

Wenn ich bey den zweyen Geboten, die uns sowol die Vernunft als die Religion als die allgemeinen Hauptgebote vorlegt, das

Ge-

*) Nicht, als wenn wir nur die angenehmen Eindrücke, die uns durch seine Liebe werden, das heißt, nur uns selbst lieben könnten; sondern, weil wir uns an keinem Menschen und an keinem Gott etwas achtungswürdigers, als wohlwollende Liebe denken mögen. Diese ist mir eben so schätzenswerth, wenn ich sie mir oder meinem unbekannten Gegenfüßler, den Bewohnern der Erde oder des Saturns wohlthätig denke.

P

Gemeinschaftliche in beyden aufsuche, was meiner reinen Hochachtung empfohlen wird; so ist dieß die wohlwollende Liebe gegen andere. Ich soll Gott — unsern Vater, voll des allmächtigen, allweisen Wohlwollens — von ganzer Seele lieben; ich soll meinen Nebenmenschen, wie mich selbst, lieben — ihn eben sowol als Zweck für sich, als mich, ansehen und ehren. — Was heißt dieß anders, als wohlwollende Liebe soll mir das schätzbarste seyn; so schätzbar, daß ich ihr, wo ich sie immer lauter und rein finde, meine ganze freudigste Hochachtung widme — Liebe Gottes: — daß ich sie, soweit ich ihrer nur immer empfänglich bin, mir als meine höchste sittliche, Gott ähnliche Würde eigen zu machen suche — Liebe des Nebenmenschen. — Nur Güte, Liebe gegen andere, mit all den Bestimmungen, unter denen sie oben angeführt worden, ist jenes sittlich Gute, das vor allen andern Gütern der Gegenstand unsrer Hochachtung, und eben darum

auch)

auch unsers Strebens seyn muß, um zum Besitze dieses Guten zu gelangen. Das erste muß sich vor allen zeigen; durch möglichst reine und vollständige Achtung für die reine unerschöpfliche wohlwollende Liebe in Gott unserm Vater; das zweyte, eine Folge des ersten, durch Ausübung dieser Liebe gegen den Nebenmenschen unsren Bruder.

Beyläufig sieht man auch hier, wie sich Nächstenliebe aus Gottesliebe, als ihrer Quelle, ableite; gerade so, wie Ausübung des sittlich Guten aus der Hochachtung für das sittlich Gute herfließt. — Eben hieraus mag es auch klar werden, warum in den ehrwürdigsten Schriften der Erde bald Gottesliebe als das erste und größte Gebot, bald Nächstenliebe als die Erfüllung des Gesetzes, bald beyde zusammen als der Inbegriff von allen Vorschriften Moses und der Propheten dargestellt werden. Nur wem wohlwollende Liebe gegen andere über alles gut und schätzbar ist, dem kann Gott über alles, und dem muß der Nebenmensch, wie er sich

P 2 selbst,

selbst, liebenswürdig seyn. Und wer den Nebenmenschen mit reiner wohlwollender Liebe liebt, dem muß eben dieselbe über alles schätzbar, und darum auch Gott, der lautere Liebe ist, über alles liebenswürdig seyn. Dem wird Nächstenliebe die Völle des Gesetzes.

Aber wo bleiben hier die Pflichten gegen sich selbst, die Pflichten der Selbstliebe? — Wenn sie nicht schon in den zweyen allgemeinen Geboten der Gottes- und Nächstenliebe enthalten wären, wie konnte der göttliche Weise diese Gebote als den Inbegriff aller Gesetze und aller Weisheitslehre nennen? — Doch auch ohne auf göttliche Offenbarung zurückzusehen, so denke ich, daß der die Pflichten gegen sich selbst am vollkommnesten erfülle, wer nach der achtungswürdigsten Vollkommenheit, deren er fähig ist, strebt. Diese Vollkommenheit ist aber Hochschätzung, Ausübung und Besitz der lautersten Liebe gegen andere. Diese Hochschätzung und Bestrebsamkeit für wohlwollende Liebe gegen andere ist wahre, recht geordnete, vollkomme

Liebe

Liebe seiner selbst. Niemand wird darum seine natürliche Gaben und Fähigkeiten öd und unbebauet liegen lassen; er wird sie bewahren, vervollkommnen, als Geschenke und Kennzeichen der wohlwollenden Liebe des Höchsten, als Mittel zur Ausübung der wohlwollenden Liebe des Mitmenschen; und wir werden ihm dafür jene nur der sittlichen Güte angehörige Achtung zollen, die wir ihm versagen müßten, wenn er nur einzig für sich leben, für sich wissen, für sich Fertig = und Geschicklichkeiten einsammeln wollte.

„Sey es auch, daß nichts wahrhaft sittlich gut sey, als Güte und Liebe gegen andere. Aber es möchte dabey scheinen, daß ich mir selbst widerspreche, da ich hier diese Liebe anpreise und doch schon oben die seligen Folgen, die eine Handlung für andere hat, als Merkmaale und Kenntnißquelle des sittlich Guten verwarf."

Jedem, der die Ausdrücke und den Sinn dieser Einwendung etwas genauer erforscht, wird

wird es schwer werden, sich hieraus einen förmlichen Widerspruch deutlich zu machen. Wohlthätige Folge einer Handlung ist ja nicht die wohlwollende Liebe des Handelnden. Auch schenken wir unsre Hochachtung nie dem seligen Eindrucke, die eine Handlung für sich selbst auf uns macht, sondern der Liebe, aus der sie kömmt. Die Hochschätzung einer wohlthätigen Handlung bezieht sich nie auf das Lustgefühl, das sie uns etwa gewährt, sondern auf das Wohlwollen, mit dem sie vollbracht ward.

Die reine Achtung für sie entspringt nicht daraus, weil sie etwa unsern Neigungen wohlthut; sondern weil uns der Handelnde um seiner Liebe willen wohlgefällt, und schätzbar ist. Darum können wir an einem Glücke, das uns Zufall oder unedle, niedrige Absicht schenkt, gar nicht den Antheil nehmen, den wir empfinden, wenn wir wohlwollende Güte als die Quelle wahrnehmen, aus der es uns zuflos. Darum legen wir auch auf kleine Geschenke von niedrigem Werthe einen so hohen, wenn

sie

sie uns nicht der Ueberfluß des Reichen zuwirft, sondern die Liebe des Nachbars oder der Wittwe reicht, die selbst mehr vom Mangel, als vom Ueberfluße weiß. Darum ist uns die Art der Mittheilung, worinn sich das schöne Herz des Mittheilenden nicht selten so vortheilhaft spiegelt, oft schätzbarer als die Wohlthat selbst. Dagegen verringert oder verliert sich beynahe alle Hochachtung gegen eine Wohlthätigkeit, die mehr von außenher erpreßt als von innen bewirkt worden, und mit Zögerung, Kargheit, mit Geberden und Worten giebt, in denen ein liebewidriger Ton herrscht. Ueberall kömmt es bey der sittlichen Güte nicht auf die Menge und Größe der Wohlthaten, sondern auf die Stärke und Freudigkeit des Willens an, der Talente und Kräfte zum Wohlthun in Bewegung setzt. Daher auch die wohlthätige Einrichtung der unpartheyischen Vorsicht in die Augen leuchtet, da sie den Armen und Machtlosen einer gleich hohen sittlichen Würde, als den Reichsten und Mächtigsten fähig macht.

Diese

Diese Freudigkeit und Stärke des Willens ist schätzbarer, als alle die Vortheile, die er dem Nebenmenschen gewährt, und dieser fühlt sich gedrungen, jene mit einer Hochachtung zu ehren, die er für den eignen Genuß der leztern nie haben kann. Woher diese Schätzbarkeit und Hochachtung eines solchen freudigen und thätigen Wohlwollens? — Von der Quelle, aus der es entspringt, und nicht von der Wirkung, die es hervorbringt. Diese Quelle ist reine Achtung für den Ausspruch unsrer Vernunft, die diesen guten Willen gegen andere, als allgemein vernunftrechtmässig und schätzbar erklärt, ihn allen edlen Menschen und Geistern, die sie gut und schätzbar finden will, als den Inbegriff alles Guten nothwendig zueignet und an Gott selbsten nichts aller Liebe und Achtung werthers zu denken weis.

Was ein wohlwollender guter Wille gegen andere sey, kennen wir zwar aus der Erfahrung; aber die Güte und unbedingte Schätzbarkeit dieses guten Willens ruft unsre Vernunft

Vernunft mit einer Allgemeinheit, mit einer Zuversichtlichkeit und Ausdehnung auf höhere Geschöpfe und Gott selbsten aus, die über alle wirkliche und mögliche Menschenerfahrung hinausreicht.

Der sittlich gute Mensch, der reine Achtung für den Ausspruch der Vernunft hat, wird auch eben so reine für die wohlwollende Liebe gegen andre, vorzüglich vernünftige Geschöpfe, gegen jede und alle haben, da er alle und jede so gut, wie sich selbst, als Zwecke ansehen muß, worauf sich alle übrigen brauchbaren Geschöpfe beziehen. Er wird diese wohlwollende Liebe über alles, was man sonst gut nennt, schätzen; sie ehren, wo er sie findet, da (in Gott) anbeten, wo sie sich lauter und unbeschränkt darstellet und ihr nach Möglichkeit für sich selbst nachstreben.

Er kennt sich als ein Geschöpf, das aus der Quelle fremden Wohlwollens zu empfangen nöthig hat und empfängt; und ehrt es da mit dankbarer Hochachtung. — Er kennt sich

sich als ein Geschöpf, das aus der Quelle eignen Wohlwollens geben kann, und übt es da nach seiner Einsicht mit Kraft und Freude. Er wird seine Körper = und Geistesanlagen vervollkommnen, um immer mehr Einsicht und Kraft zu erlangen, fremdem Wohlwollen vollkommnere Achtung zu erweisen und eignes mit mehr Güte und Weisheit zu ergießen.

Insgemein sieht er wohl so viel ein, daß das höchste oder sittliche Gut seines Nebenmenschen eben sowol, als sein eignes sey — reine Achtung für die Aussage seiner und der allgemeinen Vernunft, und reine Achtung für thätiges Wohlwollen gegen andere, das ihm jene so allgemein gut und recht und dadurch so schätzbar darstellt. Diese Achtung bey andern zu erwecken, wird, und muß also sein Hauptzweck seyn. Wie es für die Tugend, wie wir oben von Garve hörten, keine würdige Belohnung, als Tugend giebt, so giebt's auch für ihre Handlungen keinen würdigen Zweck, als Beförderung der Tugend. Nun findet er er aber., daß jede Wohlthat, an der man wohlwollende Liebe sieht, fähig sey, die Vernunft zu der ihr nothwendigen Hochschätzung, und durch Hochschätzung den Willen zur Ausübung des Wohlwollens, und so den Nebenmenschen zur Aufstrebung nach der hohen sittlichen Würde zu wecken. *) Hier darf er nicht lange nachsinnen, ob seine That durch ihre Folgen die Welt aus dem Geleise heben werde oder nicht; genug, wenn er durch Liebe zur Achtung für Liebe aufreget. Er wird sich nie beyfallen lassen, einen

*) Vielleicht läßt sich hieraus die den Unterricht weit überwiegende Kraft des Guten Beyspieles erklären. Die Idee des sittlich Guten darf nicht so viel gelehrt, als, da sie jedem gesunden Menschenverstande beywohnet, nur erweckt werden. Das geschieht aber durch nichts so vollkommen, als, da man Anlaß giebt, sie auf wirkliche, nahe gelegne und anschauliche Fälle anzuwenden; und durch nichts so sicher und vollkommen, als da diese Fälle liebvolle Wohlthaten sind, die man uns selbst erweiset.

einen unschuldigen Menschen in den Abgrund zu stürzen, um mehrere hinanzuheben. Denn sein Wohlwollen muß allgemeine Rechtmässigkeit haben, muß den Beyfall aller, auch desjenigen, dessen Aufopferung ein Mittel zur Wohlfart anderer seyn würde, verdienen; muß ein Wohlwollen seyn, das einen, wie tausende, jeden als Zweck ehret, keinen als Mittel gebraucht. Es läßt sich wohl denken, wie jemand mit sittlicher Würde sein Leben für andere wagen; aber nicht, wie er das Leben oder die Wohlfart eines Dritten in Gefahr setzen möge. Das erste kann aus der Quelle der wohlwollenden Liebe kommen, aber das zweyte streitet dawider; kann also nie sittlich gut seyn.

Die einzige Bedenklichkeit, die ihm selbst bey dem festen freudigen Willen wohlzuthun aufstossen kann, ist manchmal die wahrscheinliche Gefahr des Misbrauches seiner Wohlthat. Aber eben diese Bedenklichkeit zeigt, daß der Werth seiner Handlung nicht in der angenehmen Wirkung liegt, die sie für seinen

Mit-

Mitbruder hat; daß sie nicht nur aus der Quelle der Liebe kommen, sondern auch auf Erweckung jener Tugend und Liebe hinzielen soll, die guten Gebrauch von der Wohlthat macht. Indessen wird ihn diese Bedenklichkeit nicht hindern, wohlwollende Liebe zu üben, sondern ermuntern, nach Aufklärung und Kenntniß zu streben, um mit kluger Auswahle und Weisheit wohlwollend zu seyn.

Weiter die Züge des tugendhaften Wohlwollenden auszumalen würde wider den Zweck dieser Schrift seyn, die keine Sittenlehre, sondern die erste Grundlage davon abhandeln soll. Und diese besteht nach meiner Ueberzeugung darin:

„Wohlwollende Liebe gegen andere, vorzüglich vernünftige, Geschöpfe, gegen alle und jede, ist das sittlich Gute, das unsre reinste Hochachtung, und alles mögliche Streben verdient,

nach

nach dieser Achtung zu handeln; wohl=
wollende Liebe überall, wo wir sie
finden, über alles zu schätzen, und
wo wir können, mit Thätigkeit zu
erweisen, und mit Freude zu üben:

„Diese wohlwollende Liebe gegen
andere ist uns aber darum so achtungs=
werth, weil sie die Vernunft als des
allgemeinen Beyfalles und der all=
gemeinen Ausübung würdig, als
allgemein gut, rechtmäßig und für
das erklärt, was allein hohe, sittliche
Würde giebt, und was sich im Him=
mel und auf Erden wahrhaft großes
und edles denken läßt:

„Dieser Ausspruch der Vernunft
ist und muß mir ehrwürdig seyn,
weil ich der Verachtung meiner selbst
nicht

www.ingramcontent.com/pod-product-compliance
Lightning Source LLC
Chambersburg PA
CBHW031354230426
43670CB00006B/543